Abdurehm[illegible]

Edîb, Şaîr, Perwerdekar, Hiqûqnas

Seîd VEROJ

İsmail Beşikçi Vakfı Yayınları

Abdurehman Nacîm

Edîb, Şaîr, Perwerdekar, Hiqûqnas

Seîd VEROJ

İBV Çapa Yekem: Tîrmeh 2017, Stenbol
Edîtor: **Seîd VEROJ**

Dîzayna Berg: Şemal Medya
Çap:
Kayhan Matbaası
Bakır ve Pirinç Sanayicileri Sitesi, Orkide Cad. No: 9
Zemin Kat Haramidere / Beylikdüzü-İstanbul
Tel: 0 212 576 01 36
Kayhan Matbaası Sertifikası: 12156
Roni Yayın Sertifikası: 25474

ISBN: 978-605-85491-7-3

İsmail Beşikçi Vakfı Yayınları
Roni Basın Yayın Tanıtım Dış. Tic. Ltd. Şti
Kuloğlu Mah. İstiklal Cad.
Ayhan Işık Sok. No:21/3 Beyoğlu/İstanbul
Tel: 0212 245 81 43
GSM: 0541 391 81 49
e-mail: roniyayin@gmail.com

Abdurehman Nacîm

Edîb, Şaîr, Perwerdekar, Hiqûqnas

Seîd VEROJ

İsmail Beşikçi Vakfı Yayınları

Seîd VEROJ: Sala1966ê li Diyarbekir ji dayik bû. Dibistana seretayî li gund, navendî, lîse û Unîversîte li Dîyarbekir xwend.

Xebatên wî yên li ser kurdan, di salên xwendina unîversîteyê de dest pê kirine. Di sala 1997an de bi tevî hinek hevalên xwe dest bi weşandina kovara *War*ê kir û hetanî sala 2004ê edîtorîya weşan û kovara *War*ê domand. Di Newroza sala 2005an de weşanxaneya *Bîr* damezirand û dest bi weşandina kovara *Bîr*ê kir. Ji Mijdara sala 2011yê vir ve kovara *Bîr,* bi awayekî dijîtal li ser navnîşana www.kovarabir.com weşana xwe berdewam dike û ew jî sernivîskar û edîtorê vê malperê ye. Di sala 2011yê de li Unîversîteya Artuklu ya Mardînê dest bi xwendina masterê kir û di destpêka sala 2014yê de bi pêşkêşkirina têza xwe ya bi navê *"Veracêkerdena Gramerê Zazakî û Kurmancî/ Hevberkirina Gramera Zazakî û Kurmancî"* xwendina masterê xelas kir.

Berhemên wî yên çapkirî:

- *Rêzepirtûkên Zarokan* (li ser hev 6 pirtûk, Weşanên War, Stenbol, 2001)
- *Ferheng-Vajname: Kurmancî - Hewremanî - Dimilî - Senendajî* (Seîd Veroj- Abdurehman Uçaman, Weşanên War, Stenbol, 2002)
- *Ferhengê: Kurmancî - Dimilî - Tirkî û Tirkî- Dimilî Kurmancî* (weşanên War, Stenbol, 2002)
- *Di Dîroka Me ya Nêzîk de Bûyereke Girîng: Kuştina Seîd Elçî û Dr. Şivan* (Weşanên Bîr, Dîyarbekir, 2005)
- *Dadgehkirina Pêşewa Qazî Mihemed* (Weşanên Bîr, Dîyarbekir, 2007)
- *Geşepêdanên Rojhelatanavîn, Sûriye û Kurdistana Rojava* (Weşanên Doz, Tîrmeh 2012, Stenbol)
- *Veracêkerdena Gramerê Zazakî û Kurmancî/ Hevberkirina Gramera Zazakî û Kurmancî: Dîyalekt, Alfabe û Fonetîk, Morfolojî* (Weşanên Ava, Dîyarbekir, Gulana 2014)
- *Mehmed Mîhrî Hîlav û Kovara Kurdistan* (Weşanên Weqfa İsmail Beşikçi Vakfı, Stenbol, Tebaxa 2015)
- *Mewlanzade Rifat û Rojnameya Serbestî* (Weşanên Weqfa İsmail Beşikçi Vakfı, Stenbol, Tebaxa 2017)

Têdeyî

Beşa Sêyem (III)

Jêder

Pêşgotin

Bûyer û rûdanên sedsala nozdeyan, hem li cîhanê û hem jî di nav Împeratorîya Osmanî de encamên pirr girîng derxistin meydanê. Bi taybetî jî Peymana Berlînê (1878) û Şerê navbera Împeratorîya Rus û Osmanîyan; qrîzên aborî, sîyasî û civakî yên nava Împeratorîya Osmanî kûrtir û berfirehtir kirin û bûn sebebê guherîn û têkçûna pergala Împeratorîyê. Siltan Abdulhemîdê II., di navbera Meşrûtiyeta Yekemîn û Meşrûtiyeta Dûyemîn de, gelek caran hewl da ku di çarçoveya "Yekgirtina Musilmanan" de fikra "Osmanîparêzîyê" bi pêş bixe û bi vê awayî împeretorîyê li ser hev bigre, lê bi ser neket.

Herweha vê rewşa hanê, bandoreke girîng li ser rewşa aborî, komelayetî û sîyasî ya Kurdistanê jî kir. Sîstema otonom a mîrnişîniyê li Kurdistanê bi dawî hat, pêşengî û serokatîya tevgera civakî û sîyasî ya Kurdistanê derbasê tebeqeya şêx û ulema bû. Di sala 1878an de, hewldana serhildana Husên û Osman Paşayên Bedirxanî, xeleqeya dawî ya vê dewrê bû. Du sal piştî vê hewldanê, di 1880an de bi serokatîya Şêx Ubeydulahê Şemzînî tevgereke nû dest pê kir. Şexsiyet û bûyerên ku bûne mewzûya vê xebatê jî, divê di bin bandor û rewşa vê demê de bêne xwendin.

Xusûsiyeteke Împerararatorîyê jî ev e ku di nav de gelek qewm, kom û komikên etnîkî, dînî û kulturî bi hev re dijîn. Ziman û edebîyateke neteweyî ya Împeratorîyê tune bû. Gelek nivîskar, edîb û entellektuelên împeratorîyê di kar û xebatên nivîskarî de, zimanên cihê cihê bi kar anîne; yanî ew nivîskarên pirrzimani yên împeratorîyê bûn. Dema em bala xwe bidin zimanê nivîsandin û nivîskarên wê demê, weha dîyar dibe ku digel zimanên xwe yên qewmî pirranî bi zimanê erebî, farisî û osmanî nivîsandine.

Di salên dawî yên împeratorîyê de, ji ber bandora belavbûna fikrên neteweyî, peyderpey di nav kurdan de jî fikrên kulturî yên qewmî [neteweyî] peyda dibin. Netewetîya kulturî, di bin bandora bûyerên sîyasî yên wê demê de, pêşîyê bi rêya çapemenî û çalakîyên kulturî geş dibe û paşê jî di warê sîyasî û rêxistinîyê de. Di vê çarçoveyê de, berhemên nû yên edebîyata kurdî jî di vê demê de peyda dibin. Edîb û nivîskarên kurd, êdî qîma xwe bi dubarekirina teşbîhên şairên berê naînin. Şair û rexnegirê kurd Keyfî, di nivîseke xwe de pêdivîya guherîna naveroka berhemên edebî û cûreyên ciyawaz ên nivîsînê weha tîne ziman û dibêje: "Nabe ku meriv her daîm bi dubarekirina teşbîhên şairên berê, şiîr nivîsandinê ji xwe re bike sermîyan. Berîya ku meriv bi van xîyalên beyxude re mijûl be, mijûlayîya bi îlmên pozîtîf re bêtir faydedar e."

Di wê demê de parastina hebûna edebîyat, ziman û kultura kurdan, bi kurdî nivîsandin, helwesteke cihê bû û destnîşankirina cûdayîyek kulturî ya neteweyî bû. Divê nêrîn û helwesta rewşenbîrên wekî Abdurehman Nacîm, Keyfî, Hesen Zûhdî û hevalên wan jî di vê çarçoveyê de bête nirixandin. Em dikarin xebat û çalekîyên kulturî û rewşenbîrî yên di navbera Meşrutîyeta Yekemîn û Duyemîn de, ji alîyekî ve wek destpêka fikra neteweyî ya kulturî qebûl bikin. Lêbelê di wateya xwe ya modrn de, berhemên edebîyata kurdî ancax piştî Meşrûtiyeta Duyemîn, bi rêka kovar û rojnameyên wê demê peyda bûne.

Pirranîya belge û materyalên vê pirtûkê, bi lêgerîn û lêkolîna li ser hejmarên rojnameya T*ercüman-ı Hakikat [Tercûmanî Heqîqet]* derketine holê. Bawer dikim rojnameyên dema Dewleta Osmanî bi awayekî berfireh bêne lêkolandin, dê li ser kurd û Kurdistanê gelek materyalên nû yên balkêş derkevin ronahîyê.

Di peydabûna vê xebatê de keda gelek dost û hevalan heye, bi taybetî mamoste Cemîl Amedî bi wergerandina metnên Osmanî û A. Meretowar jî bi hesasîyeteke zimanheziyê ji bo sererastkirina zimanê metnê keda xwe ya birûmet û nûrê çavan rijandine. Herweha hevalên ku navê wan nehatiye nivîsandin û keda wan di vê xebatê de çê bûye, ji bo wan jî gelek sipas dikim.

16.03.2017

Beşa yekem

1. Ciyê ji dayikbûn, malbat û xwendina wî

Abdurehman Nacîm

Abdurehman Nacîm, entellektuelekî tewr girîng ê dema xwe û miletê kurd e, li ser babetên cûr bi cûr xebat û nivîsên wî hene; ew bi nasnameya xwe ya perwerdekarî, hiqûqzanî, edîbî, şaîrî û karê tesnîfkirina kutbxaneyan tête naskirin.

Li ser ciyê ji dayikbûna wî hemfikrîyek giştî heye; ku ew li bajarê Silêmanîyê ji dayik bûye, endamê malbateke namdar û giragir ê vî bajarî ye. Li gor lêkolîner Alî Bîrîncî, "ew, di 21ê Gulana 1833-9 Gulana 1834ê de li qezaya Şehrezor a girêdayî bajarê Silêmanîyê ji dayik bûye. Navê bavê wi Mihemed Beg e, ji mîrekên Silêmanîyê û kesayetîyeke navdar ê wê deverê bû. Abdurrehman Nacîm bi leqeba xwe ya Mewlanbegzade jî tête nasîn."[1] Lêkolîner Îbrahîm Goksel jî dibêje: "Mewlanbegzade Abdurehman Nacîm Efendî, sala 1832an li Silêmanîyeya Iraqê ji dayik bûye. Navê bavê wî Mihemed Beg e û ew ji

[1] Ali Birinci, *Tarih Gölgesinde Meşâhir-i Meçhûleden Birkaç Zât [Di Sîya Dîrokê de ji Meşahîrên Meçhûl Çend Zat]*, bn. Sicill-i Ahval Defteri (BOA. C. 18, s 125), Dergâh Yayınları, 2001, Îstenbul, r. 287

malbateke navdar û giregirên mîrekên Silêmanîyê bû. Li wê deverê malbata wan bi navê Mewlanbegzadeyan tête nasîn."[2]

Wî, tehsîl û "Xwendina xwe, di medreseyên Silêmanîye û Bexdayê de îkmal kirîye û îcazeta xwe girtîye."[3] "Di 21 salîyê de selahîyeta îrşadê û di 23 salîya xwe de jî selahîyeta îcazetê ji Şêx Osman Siracedîn Efendî yê Tawîlan wergirtîye ku ew jî xelîfeyê Mewlana Xalid bûye. Ji wê şûn ve nêzîkê 4-5 salan di medreseyên Bexdayê de li ser îlmên Îslamî ders dane."[4] Li ser dewra zaroktî û ciwantîya wî, agadarîyên berfireh li ber destê me nîn in. Piştî temamkirina xwendinê, "qasî 4-5 salan di medreseyên Bexdadê de li ser îlmên Îslamî ders daye. Li gor dosya wî ya sicîlê; bi zimanê turkî, erebî û farisî dixwend û dinivîsand, herweha muqtedîrê axaftina zimanê kurdî bû."[5] Wî heman demî perwerdeyîya hiqûqê dîtîye û ew di tesewufê de girêdayî terîqeta Neqşebendî bû.

2. Hatina wî ya Stenbolê û destpêkirina karê matbûat û kutibxaneyan

Qasî ku tê zanîn ew di dawîya salên 1850yan de hatîye Stenbolê. Ji salên 1850yan şûn ve li paytexta Osmanîyan hejmara kutibxaneyên giştî zêde dibin û digel wan, kutibxaneyên weqfan jî têne damezirandin. Lêbelê rêz û sîstemek van kutibxaneyan tune bû. Ji ber vê, nîşandana agahdarîyên li ser bîblîyografya berhemên nivîsandî û hêsankirina karê xwendevanan, dirûstkirina katalog û îndeksên pirtûkxaneyan wek pêdivîyekê dertê meydanê. Di dema Dewleta Osmanî de cara pêşî di navbera salên 1850-1854an de xebata li ser katalog

---

[2] İbrahim Göksel Baykan, *Abdurrahman Nâcim Efendi ve ilk kütüphane katalogları*,http://web.firat.edu.tr/harput/sempozyum/2/19.%20%C4%B0.G. Baykan.pdf, 29.10.2015

[3] Ali Birinci, J. b., r. 287

[4] İbrahim Göksel Baykan, http://www.yek.gov.tr/Link/ShowLink?LINK_CODE=50&LAN_CODE=TR, 25.11.2015

[5] İbrahim Göksel Baykan, J. b., 29.10.2015

û îndeksên pirtûkan têne amadekirin û çapkirin. Abdurehman Nacîm, di 9ê Temûza 1861an de ji bo Mifetîşîya Kutibxaneyên Dersadetê tête tayînkirin. Di tayînkirina vî karî de, zanîn û tecrûbeya wî ya di medreseyên Kurdistanê de wek referans hatiye qebûlkirin. Herweha ew di dereceyeke bilind de weqfê ziman û edebîyata erebî, farisî û osmanî bûye.

Abdurehman Nâcîm, di karê tesbîtkirin, tesnîfkirin û amadekirina katalogên kutibxaneyan de, gelek xizmetên girîng kirine. Piştî ku Abdurehman Nâcîm tête Stenbolê, "di 8ê Temûza sala 1861ê de dest bi karê memuriyetîyê dike û dibe Mifetîşê Kutibxaneyên Dersaadetê."[6] Piştî ku ew dest bi vî karî dike, ji bo amadekirina katalog û îndeksên pirtûkxaneyan gelek xebatên girîng têne kirin. Ew, pêşîyê hejmar û cûreyên pirtûkên di kutibxaneyan de dîyar dike û ji wê şûn ve jî dest bi amadekirina fihrist û katalogên wan dike. Pêşîyê fihrîstê kutibxaneya Damad Îbrahîm Paşa di Gulana sala 1963an de tête çapkirin. Fihrîstê kutibxaneya Ragip Paşa jî di sala 1871ê de ji alîyê A. Nacîm ve tête amadekirin û di Takvîmhane-î Amîre de tête çapkirin. Alî Bîrîncî dibêje: "Ew, yekemîn mûrrettîbê defterên matbuatên kutibxaneyên Stenbolê ye, şaîr, hiqûqnas, zanayê edebiyata elsîne-î selase[7] ye û di rêya Neqşîbendîtîyê de bû."[8]

Ew "Dema ku karê Mifetîşîya Kutibxaneyên Dersadetê dike, sala 1864ê di bin maîyyeta Saîd Beg de wek katib pê re dixebite û sala1865ê ji bo mamostetîya Mekteb-î Osmanîye ya li Parîsê tê wezîfedarkirin û nêzîkê du salan li wê derê dixebite. Sala 1867ê vedigere Stenbolê û karê xwe yê berê berdewam dike."[9]

---

[6] İbrahim Göksel Baykan, J. b., 29.10.2015

[7] Nivîskarê sê ziman: Arebî, farisî û turkî.

[8] Ali Birinci, J. b., r. 287

[9] İbrahim Göksel Baykan, J. b., 29.10.2015

3. Abdurehman Nacîm ji karê îlmîyeyê derbasê mûlkîyeyê dibe

Abdurehman Nacîm, xwedî îlm û îrfaneke dewlemend û berfireh bû û di kar û meslekên cur bi cur de xebitîye. Ew, "Di seha îlmîye, edlîye mûlkîyeyê de xebitîye. Muhasibîya Takvîmhaney-î Amîre û li Parîsê jî mamosteyîya Mektebî Osmanî û li Ruşdîyeya Bayazidê jî mamosteyîya farisî kirîye û herweha miduryetîya rojnameya *Vakay-î Zabtîye* ya Nezareta Zabtîyeyê kirîye."[10] Sala 1870ê, karê A. Nacîm guherîye; ji mifetîşîya Kutibxaneyên Dersaadetê derbasê Mûlkîyeyê bûye. Di vî demê de, ji bo kontrolkirina desthilatdarîya xwe, rêverbirên împeratorîyê berdewamî meqam û mekanê memûran diguherandin. A. Nacîm jî wekî gelek karmendên wê demê dikeve ber bayê vê pêlê û wî pêşîyê rêkirine ji bo qaymeqamîya Larendeya Konyayê. Lêbelê ji ber sebebekî nedîyar, berîya ku li Konyayê dest bi kar bike, wî rêdikin ji bo qaymeqamîya Şamê. Di vê navberê de nêzîkê şeş salan qaymeqamîya qezayên wekî Bealbek (11yê Adara 1872), Bekaûl- azîz, Lazkîye, Hasbîye û Edhemîye dike. Di navbera salên 1878-1880yan de li Lûleburgaz û paşê li Edirneyê wezîfeyê Muawînîya Muddeê Ûmumî dike. Sala 1880ê careke din vegerandine Sûriyê û li Helebê bûye Muddeyê Ûmumî yê Mehkemeyên Îstînafê û ji wê şûn ve jî di sala 1882an de bi postê reîsê Mehkemeyên Îstinafê neqlê Diyarbekir bûye. Ji wê şûn ve jî, di navbera salên 1882-1886an de dibe Reîsê Yekemîn ê Mehkemeyên Bîdayetê [Mehkemeyên Eslîye]. Di sala 1888an de ji ber tehqîqatekê ji wezîfeyê tête ezilkirin. Di dawîya lêpirsîna du salan de, di 10yê Sibata 1890ê de Medelyeya Îftixar a Pêbawerîyê didinê û paşê di 17yê Temûza 1890ê de ji bo kar û meqamê xwe yê berê tê îadekirin û dibe Muddeyê Ûmumê Mehkemeyên Îstinaf a wîlayeta Beyrûdê.[11]

---

[10] Abdurrahman Nacim, *Mantık Metinleri-1: Türkçe Mantık Hulâsası*, İşaret Yayınları: 78, İstanbul, r. 5

[11] Ali Birinci, J. b., r. 288

Nivîskar di berhema xwe ya bi navê *Rahnameya Diyarbekir* de, xweşhalîya xwe ya ji bo çûyina Amedê weha tîne ziman: "Dema ku zivistan çû û bihar hat, qerar ev bû; dê biçim Diyarbekir yanî Amed. Ew tiştê ku di gelek şevan de dilê min wan dîtî bû, Ameda reş Diyarbekir bû."[12] Nivîskar piştî rêwîtîyeke dûr û dirêj, digîje Diyarbekirê, roj û dîroka bidawîhatina wê rêwîtîyê weha neqil dike: "Roja duşenbe dozdeyê meha Recebê, pazdeh ji meha Nîsanê bêzehmet û eziyet. Gihîştim Dîyarbekir bi kêf û xweşî, ev nezma me jî gihîşte paşî."[13]

Li vê derê wek têbinîyek, bi bîrxistina hinek agahdarîyên li ser rewşa dîrokî û îdarî ya Diyarbekirê, dê ronahîyek bide rast têgehîştina rewşa wê demê. Diyarbekir, wê demê di herêmê de navendeke girîng bû. Piştî salên 1515-1516yan, Diyarbekir bi tevayî ketibû bin bandora osmanîyan. Di serdema 19yan de, sînorên îdarî yên Dîyarbekir gelek berfireh bûn; ji alîyê rojava ve ji Meletiyê dest pê dikir û ber bi rojavayê başûr ve hetanî Mûsilê dirêj dibû, ji aliyê bakûr ve ji Kemahê dest pê dikir û ji başûr ve hetanî sînorên Sûriyeya îroyîn dirêj dibû. Ji îlankirina Tanzîmatê şûn ve, ji sala 1846an bigre hetanî sala 1867an Dîyarbekir, bûye navenda "Eyaleta Kurdistan"ê. Wê demê Bedlîs, Wan, Mûş beşekî girîng ê Botan, Riha, Mêrdîn, Elezîz, Batman, Sêrt û Şirnaxê jî bi ser Diyarbekirê ve bûn.

Di navbera salên 1869-1870an de, ji bo sazkirina wîlayet û rêvebirîyên herêmî qanûneke nû hate çêkirin; li gor vê qanûnê şaredarî hatin damezirandin û sîstema yekrû ya wîlayet, lîwa (sancax) û qezayan hate damezirandin, meclîsên herêmî çêbûn û digel wê selahiyetên walîyan hatin zêdekirin. Di çarçoveya van guhartinan de, di sala 1869an de li Diyarbekirê jî gelek sazîyên nû hatin damezirandin. Sazîyên wekî Şaredarîya Diyarbekirê, Meclîsa Wîlayetê, Îdareya Mearîf, Komîsyona Ahwalî Sicîl, Daîreya Nafîa, Têlgrafxane, Mehkema Îstinafê

[12] Mudde-i Umumi serveri Abdurrahman Nacim, *Rahnameya Diyarbekir*, 27ê Nîsana 1885

[13] Mudde-i Umumi serveri Abdurrahman Nacim, J. b.

û alayîya cendirmeyan bi vê qanûnê hatin damezirandin.[14] Piştî vê kurteagahdarîya dîrokî, dixwazim cardin vegerim ser mijarê.

Wekî ku di destpêka vê nivîsê de jî hate gotin; A. Nacîmî, qîma xwe tenê bi karê bûrokrasîyê neanîye, wî herweha pirtûkên dersê jî amade kirine û bi sê zimanan gelek berhemên menzum û mensur jî nivîsandine. Digel vê yekê, di rojnameyên cûr bi cûr de li ser babetên cihê cihê, tevlî hinek nîqaşan bûye û meqeleyên wî yên balkêş hatine neşirkirin. Bi taybetî jî meqale û refleksên wî yên li ser kultur û edebîyata kurdî, li gorî wê demê pirr balkêş, têr û tije ne.

4. Bersiva Konsolosê Brîtanya

Mehkemeya Îstinafê li Diyarbekir, sêzdeh sal berîya çûyina A. Nacîm hatibû damezirandin. Dema ku A. Nacîm li Diyarbekir reîsê daîreya Mehkemeyên Îstinafê bû, Konsolosê Brîtanya Mr. Trotter li hin deverên Kurdistanê digere; serdana hinek gundan, koçberan û cotkaran dike û li ser encama vê gera xwe daxuyanîyek belav dike û di naverokê de: Kurdan bi cehalet û hovîtîyê dide nasandin û herweha dibêje qewmê kurd ji maarîfetê [îlim-kultur] mehrum e. Ev daxuyanîya Konsolos, di nav nivîskar û rewşenbîrên kurdan de nerehetî û acizîyek peyda dike, kesayetîyên wekî Keyfî, Abdurehman Nacîm û Hesen Zûhdî bi rêya rojnameya *Tercûman-î Hakîkat* bersiva wî didin.

Gengeşe û nivîsên di nav rûpelên *Tercûman-î Hakîkat [Tercûmanî Heqîqet]*[15] de, ferezanî û hîkmeta A. Nacîm a li

---

[14] Derleyenler: Joost Jongerden-Jelle Verheij, *Osmanlı Döneminde Diyarbekir'de Toplumsal İlişkiler (1870-1915)*, İstanbul Bilgi Üniversitesi Yayınları, 2015, r. 44-45

[15] Rojnameya *Tercûmanî Heqîqet*, di 27 Hezîrana 1878an de dest bi weşanê kirîye, damezirêner û rêvebirê rojnameyê Ahmed Mîdhad e û xwedîyê îmtiyazê jî Mehmed Cevdet e. Weşana rojnameyê 34 sal dewam kirîye û li ser hev 15325 hejmar hatine weşandin; ji damezirandinê hetanî 1912yê rêvebirê

ser edebîyat û kultura kurdan, bi gelek aşkerayî dide dîyarkirin. Divê em vê rastîyê jî dîyar bikin ku berîya wî, refleksên bersîvdana Konsolosê Brîtanya, ji alîyê Keyfî ve hatîye nîşandan. Keyfî, li ser daxuyanîya Bînbaşî Mr. Trotter, di hejmarên 969 û 974 ên *Tercûman-î Hakikat* de, rexne li daxuyanîyên wî digire û bi "Kurdîya Goranî" du xazelên goranî bi tevî tercumeya wan a turkî pêşkêş dike. Herweha nivîskarê bi navê Hesen Zûhdî jî bi meqele û rexneyên xwe ve tevlî vê gengeşeyê dibe û piştgirî dide nêrîn û nivîsandina Abdurehman Nacîm.

Keyfî di destpêka nivîsa xwe de dibêje:

"Mr. Trotter ê Konsolosê Îngiltere yê Diyarbekirê, li ser Kurdistanê nivîsek belav kirîye û bê tefekûr têde gotîye edebîyata kurdî "nîn" e. Di rastîyê de li kutibxane, gelek eserên edebîyata kurdî hene; li vê derê ez dê xazeleke kurdî ya sade û herî kêmhûner, wekî "mukadîmeyeke redkirina" tehqîqatên wî, bi tevlî tercumeya wê ya turkî ji bo rojnameya we rêkim. Hûn dê bibînin ku gotin û agahdarîyên wî çiqas dûrê rastîyê ne."[16]

Piştî nivîsên Keyfî, Abdurahman Nacîm jî di nivîsa xwe ya bi navê "*Ulema ve Kürd ahalisi*" *[Ulema û gelê kurd]* de bersiva Mr. Trotter ê Konsolosê Brîtanyayê Dîyarbekirê dide û dibêje:

"Ew meqaleya ku ji alîyê Konsolosê îngiliz ve hatîye nivîsandin û di rojnameyan de hatîye neşirkirin; dûrê halkirina heqîqetê ye û ne li gor arzûyan e. Li ser vê babetê

---

we Ahmed Midhad bû, prensîb û polîtîkaya weşandina rojnameyê ne dûrê politikaya Abdulhemîdê II. bû û ji ber vê yekê piştgirîya maddî û manewî ji desthilatdarîya sîyasî digirt.

Di sala 1908ê de piştî ragehandina Meşrûtîyetê, her çiqas di wan şertan de xwe bêalî îlan bike jî di esasê de polîtîkayeke dijberê desthilardarîya Îttîhad û Teraqî taqîb kirîye. Piştî mirina Ahmed Mîdhad (28 Kanûna 1912) rêvebirîya rojnameyê diguhere, di rêvebirî û sernivîskarîya Ahmed Agaoglu de rojname dikeve bin bandora Îttîhad û Teraqî. Qasî ku tê zanîn, ev rojname hetanî 12yê Kanûna sala 1924an hatîye weşandin.

[16] Keyfî, *Tercüman-i Hakikat [Tercûmanî Heqîqet]* gazetesi, no: 974, s. 3, 19 Eylül 1881

tehqîqatên Konsolosê navborî, sivik û bê bingeh in. Ji ber vê yekê divê bêne redkirin û sererastkirin. Lewra Konsolos bohtan li hemû kurdan dike û dibêje ew nezan û wahşî ne, bê îlim û bê îrfan in. Halbûkî qewmê necîb ê kurd, bi delîlên aşkere xwedîyê fazîletên rast, berhemên hêja, qelem û eserên îlmî ye.

Ji alîyê îlim, fazîlet, xettatî û şaîriyê ve qewmê kurd, li gorî yên din bêtir navdar e. Her çeşîd telîf û tesnîfê kurdan, eserên xwedî îtibar ên kutibxaneyan in.

...

Di çarçoveya meseleyên fiqihî de li ser îbadetê, muamelat, aktî nîkah û hiqûqê cezayê, qanunên edlî, şer'î û yasayên îlahî û rêvebirinê tesnîfên wan ên bêhejmar hene. Kurdan li ser metn û te'lîfên hazretê Îmam Şafiî, Nevevî, Rafi'î û Gazelî şerh û haşîyeyên bêhejmar neşir û tedvîn kirine. Şerh û haşîyeyên telîf û manzûmeyên ulemayên kurd yên wekî Hezretî Mewlana Ebubekir ên bi navê "Vûduh", "Enver", "Siracû'l Kûlub"; "Menku'lû Ttefasir" a Yusuf Esmam; "Zatûş Şîfa"ya Îbnû'l Cezîrî; "Kifaye" û şerha wê "Hîfa'ye" ya ellame Beytûşî; telîf û manzûmeya "Ahmediye" ya Şêx Marûf Berzencî li meydanê ne. Di Silêmanîyeyê de, ji malbata Berzencî û Heyderîzadeyan şexsiyetên xwedî îlim û fen ên wekî Sigbehtullah, Ehmed, Heydar, Ebdullah efendî û wd. alimên gewre yên kurdan li ser babetên fiqih, tefsîr, usûl, nehîv, serf, mentiq, kelam, hendese, hesab, arûz, exlaq, edebîyat, tarîx, sîyayî, fen û babetên cûr bi cûr berhemên wan ên telîf û tesnîfkirî hene.

Wan, bi van nirx û berhemên xwe, pirtûkxaneya dinyayê neqişandine û ronî kirine. Te'lîfên"Şerh-î Makamat" û "Diwan"a Hezretî Mewlana Şêx Xalidê Silêmanîyeyî, di nav ulemayê de dest bi destan hatîye gerandin. Ev dengên payebilind ên îlim û îrfanê, ronahî dane Şerq û Xerbê. Teftazanî yê ku wek ulemayê duyemîn tête qebûlkirin, Celal

Dewanî û Mihemed Feyzî Efendî yê Silêmanîyeyî ku nûha miftîyê Bexdadê ye. Gelo ma ev ne ji payebilindên ulemayên kurd in?

Pêbawerê demê û seyîdê esrê Şêx Ebdulqadir Efendî ku îro li Silêmanyeyê xwedî kûrsî ye û ders dide, Seyîd Kake Ehmed Efendîyê Berzencî, Mewlana Ehmed Efendîyê Tûtşî, Mihemed bîn Resul Efendîyê Rewandûzî û Evdirehman Efendîyê Rojbeyanî kesayetîyên têr û tije ne û di her îlmê de xwe gihandine, zûhd û teqwa jî, di rêka Hezretê îmam Gazelî de ne, bi berhem û te'lîfên xwe ji dûr û nêzîk ve têne naskirin. Gelo ev kesên navdar hemû ne alimên kurd in?

Ji alimên gewre yên kurd Îmam Cezîrî, Yehya Efendî Amadî, Seyîd Ebdulletîf Efendîyê Şehrezorî, Mewlana Elî Efendîyê Qizilçî, Îbnî Adem û Îbnû'l Hacc û Ellame Erbîlî bi qelem û eserên xwe yên îlmî wekî tava rojê li meydanê ne, îro te'lîf û berhemên wan di hemû kutibxaneyên Stenbolê de jî hene û hatine parastin.

Welhasil dîyar e ku ulemayên kurdan bi lûgatê arebî, farisî, turkî û bi zimanê xwe yê maderzadeyî yê kurdî her çeşîd eser nivîsandine.

Ji ber ku zimanê kurdî gelek dewlemend û ji alîyê şîweyan ve jî rengîn e, bi kurdî gelek pirtûkên edebî yên mensur û menzum hatine nivîsandin.

Ji alîyê şaîrên kurdan ve bi zimanekê zelal, manîdar, şaîrane û hakîmane qesîde, mesnewî, rubaî û şiîrên cûr bi cûr di şiklê nezmê de hatine nivîsandin.

Ulema û şaîrên kurdan; wek eser û şaîrên erebên bedewî, ehlê faris û zimanpakên turkî şiîr nivîsandine û eser hiştine. Ji van navdarên wekî Hezretî Şêx Mewlana Xalid, Beytûşîyê Ellame, Şêx Marûfê Berzencî û miftîyê Bexdadê Şêx Mihemed Feyzî Efendî bi eserên matbu û muteber hatine nasîn.

Xelkê kurd bi xwe jî aşînayê zimanê arebî û farisî ye. Hinekê wan jî bi zimanî îngilizî û fransizî tahsîl dîtine...."[17]

Amdurahman Nacîm di nivîsa xwe ya dirêj de, piştî van agahdarîyan, ev car bi xwe vedigere pirsan ji Konsolos dike û dibêje:

"Gelo Konsolosê navborî, 30-40 medreseyên bajarê piçûk ê Silêmanîyeyê geriyaye ku hemû bi xwendevanên îlmê tije ne? Yaxud li mekteb û medreseyên bajarê Sineyê geryaye? Gelo medreseya pîroz a Darûl Îhsanê dîtîye ku wekî Cemîû'l Ezhera Misrê, odeyên wê yên bêhejmar hene û ji bajarên dûr gelek xwendevanên ji bo tehsîla îlm û fennê têde xwendina xwe dom dikin. Yaxud medreseyên li Savucbulaq, Saqiz, Banê, Şino, Tercan, Serdeşt, Nistan, Enderkaş, Bokan, Beytûş, Çimiyan û medreseyên din ên bi van deran ve girêdayî bi çavên xwe dîtine? Yan jî medreseyên li qezayên piçûk ên ser bi Silêmanîyê ve wekî Qeredax, Helepçe, Kelanbar, Beyare, Bazyan, Qizilan, Asker, Akçayan, Merge, Maun, Pêşder û medreseyên li Rewandûz, Koyê, Erbîl, Îmadîye, Xoşnav, Şemdînan û ciyên din dîtine û li ser wan agahdarîyên wî hene? Ku ev medrese û mekteb her yek wek Darûl Maarîfek e.

Konsolos hîç hevdîtinek bi ulemayên xwedî şeref re kirîye ku ji Şîrevanê, Talîşê, Geylanê, Daxistan û bajar û ciyên din ve ji bo tehsîlê têne li medreseyên Kurdistanê xwendina îlim û fennê dibînin, dersên esasî dixweynin û îcazetname werdigrin û ji bo neşirkirina îlmên nûranî vedigerin welatên xwe?

...

Haşa! Konsolosê navborî ne ev bihîstiye, ne dîtîye û ne jî li ser tehqîq kirîye. Gelo Konsolos dizane ku îro piranîya ulemayên medreseyên li bajarê Erzerum, Diyarbekir,

[17] Abdurrahman Nacim, *Tercüman-ı Hakikat [Tercûmanî Heqîqet]* gazetesi, no: 982, 29 Ekim 1881, r. 2-3

Mêrdîn, Sîwaz, Xarpêt, Mûsil, Heleb, Bexdad, Şam, Misir, Medîneyê Mûnewere, Mekeyê Muazzama kurd in? Na, nizane.

Yaxud eserên îlmî û mifedar ên hinek şexsiyetên xwedî fazîlet û alimên kurd ên li tekyayên Humul û Hafa ya Stenbolê nas dike ku îro di rojnameyan de têne neşirkirin? Na, nikare nas bike.

Konsolosê navborî ne dikare wan nas bike û ne jî muqtedîrê naskirin û têgehîştina eserên wan e...."[18]

Nivîskar gotinê tîne li ser sejimêrîya kurdan û rewşa sosyolojîk a civata kurd. Belavkirina raportên bi vî awayî, wek helwesteke şexsî û populer ê konsolosên Awrupayî dinirxîne, belavkirina van cûre raportan û çavkanîyên wan muteber nabîne û dibêje:

> "Konsolos; mîqdarê nifûsa kurdên medenî û yên eşîrên koçberên konê reşan jî nizane û li ser wan agahdarîyên xelet belav kirîye. Wekî ku di gotinek pêşîyan a ereban de hatîye gotin, "Xwedîyê malê, nava malê baştir nas dike." Lê mixabin, sed car mixabin ku konsolosên werkîno, daîmî li ser Dewleta Alî Osman û miletên necîb ên musilman agahdarîyên kêm û xelet didin dewletên xwe û herweha meqeleyên wan ên rojnameyan jî rast têne qebûlkirin. Û gelê Awrupayê jî bi vê yekê têne xapandin û berdewamî di aleyhê me de îtirazan dikin. Nizanin ku meqeleyên wan bê bingeh in û agahdarîyên wan jî, ji çavkanîyên muteber nehatine bidestxistin. Nizanin ku li nik van kesan şiura pevgirêdanîya dewletê, kêmtir e ji bi destxistina şohretê."[19]

Nivîskar, di dawîya nivîsa xwe de dibêje, em hêvîdar in ku Konsolos piştî van agahdarîyên berfireh, xeletîya xwe se-

---

[18] Abdurrahman Nacim, T*ercüman-ı Hakikat [Tercûmanî Heqîqet]* gazetesi, no: 982, s. 2-3, 29 Ekim 1881

[19] Abdurrahman Nacim, *Tercüman-ı Hakikat* gazetesi, no: 982, s. 2-3, 29 Ekim 1881

rerast bike û qethen ji me jî aciz nebe û herweha bi bîrxistina risteyên Nalî, dawî bi nivîsa xwe dihêne.

"Bo çi negirim sed kertim dil dişikînî

Bo çi mey nerijî şîşe le sed cîke şikawe.

Yanî:

Çawa û ji ber çi ez negirîm, tu her roj sed car dilê min ê wêran dişikînî.

Çawa û ji ber çi şerab nerije, şûşeya wê li sed cîyan şikestiye."[20]

Wekî ku di destpêkê de hate gotin, yên ku tevlî vê gengeşeyê bûye, ji wan yek jî Hesen Zûhdî ye. Li gorî agadarîya wî, wê demê ew li hidudê Yunan îqamet dike û ji wê derê bi rêya rojnameya *Tercûman-î Hakîkat*, bi sernivîsa "*Fûnun-Kurd*" piştgirî daye nêrînên Abdurehman Nacîm û gotîye:

> "Mr. Trotterê konsolosê dewleta gewre ya Brîtanya li Diyarbekir, di heqê Kurdistanê de tehqîqatek di rojnameyan de daye neşirkirin û di xulesayê de dibêje, qewmê kurd ji maarîfetê [îlim-îrfan] mehrûm maye. Meqaleya li ser navê Abdurehman Nacîm; rastîyê anîye ziman û dîyar kirîye ku vekolînên (hînkarî) wî yên li ser vê babetê mahsulê nezanîyê ye û ew bi xwe jî ne weqfê heqîqet û hûrgilîyên maarîfetê ye. Meqaleya Abdurahman Nacîm a ku di hejmara 982 yê rojnameya *Tercûman-î Hakîkat* de hatîye neşirkirin, çavê me vekirîye û bi îftixar hatîye mûşahedekirin....
>
> Konsolosê navborî di gera xwe ya ji bo herêma Kurdistanê de, agahdarîyên ku bidest xistine gelek kurt û kêm in. Agahdarîyên wî jî li ser rewş û jîyana hinek ehlê gundan e.
>
> Ew nêrîna ku bi pêşînhikum bibêje ev qewm ji maarîfet û edebîyatê mehrûm e, di nezera heqîqetê de ev nêrîn bâtil [beyxude] e. Bâtil bi temamî bâtil e, heq jî bi temamî heq e; ku ev yek ji bo îsbatkirina îddeaya tête kirin nebes be, ji

[20] Abdurrahman Nacim, *Tercüman-ı Hakikat* gazetesi, no: 982

nav vî qewmî gelek kesayetîyên xwedî fazîlet, ulema, şaîr, xetîp û xizmetkarên wd. derketine, eser û qelemên wan li meydanê ne. Em hêvî dikin Konsolos Efendî eserên van zatan bibîne, pê qeneat bike û kêmanîya xwe ya di heqê vê babetê de sererast bike û ji xeletîyê vegere."[21]

Gengeşeyên weha berdewamî di navbera ronakbîrên kurd, gerokên bîyanî û ronakbîrên osmanî, ereb û farisan de çêbûne. Gerokên bîyanî bi agahdarîyên xwe yên kêm û şaş, yên dewletên navborî jî di bin navê "umetparêzî" û "yekîtîya îslamî" de înkara milletê kurd, ziman û kultura wî kirine. Di vê babetê de nimûneyek herî balkêş di nivîsek Abdullah Cevdet de hatîye dîyarkirin ku dibêje:

"Dostekî min ê rêzdar û ezîz, kovara *Rojî Kurd* li ser maseya min dît û vegeriya ji min re got ev mecmua çî ye? Min ji wî re got: Weşana lêgerînên civakî û qewmî yên li ser kurdan e. Hevalê min rûpelên kovarê vekirin û rastê meqaleyek kurdî hate û vegeriya ji min re got: Madem ku ne turkî ye û bi zimanê kurdî ye, wateya wê ew e ku rojnameya "cûdaxwazî" ye û *Rojî Kurd* bi hêdîka danî li ser mêza min."[22]

Genegeşeyên werkîno di berîya derketina *Tercumanê Hakikat* û piştî wê jî her hebûye; ji ber vê yekê, zana û ronakbîrên kurd mecbur mane ku bi berdewamî behsa dewlemendî û dîroka edeb, ziman û kulturê kurdan bikin. Gengeşe û nivîsên werkîno paşê di nav rûpelên *Rojnameya Teavûn û Terakkî ya Kurdan*, kovara *Rojî Kurd* û weşanên piştî wan de jî her hebûne. Ji van nivîsan yek jî ya Salih Bedirxan e ku di nav rûpelên *Rojî Kurd* de hatîye belavkirin û têde dibêje:

"Di dîroka kurdan de gelek şair, edîb û alimên muazam û mezin derketine. Lê her me navê wan negirtîye, qedrê wan

---

[21] Hasan Zûhdi, *Tercüman-i Hakikat* gazetesi, no: 1014, s. 3, 8 Teşrin-i Sani 1881

[22] Dr. Abdullah Cevdet, *İttihad Yolu, Rojî Kurd*, no: 2, weşanên War, Stenbol, 2002, r. 51

nezanîye, ew jî her ji kurdanîyê derketine, ji qewmên dî re mane. Ji ber ku dîrokeke me ya nivîsandî jî tune ye, ev babet di nezera kurdan de menfi û mechul maye.

Alimên qedirmezin ên wekî dîrokzan Îbnûl Esîr û Ebu Saadir, Şêxûl Îslam Ebu Suud, Goranî, Şêx Ehmedê Cezîrî, Harîrî; şair û edîbên herî bijare yên wekî Fuzûlî, Ehmedê Xanî, Nefî, Mewlewî, Kurdî, Harîk, Nalî, Hecî Qadir, Şêx Riza ji nav kurdan derketine."[23]

5. Tevgera Şêx Ubeydullahê Nehrî, sîyaseta Brîtanya û xabata Mr. Trotter

Ji şerê salên 1877-1878an ê dewleta Osmanî û Rusya şûn ve, di pêşengîya sîyasî û civakî ya tevgera kurd de jî guherînên girîng ên nû çêbûne. Pêşengîya tevgera kurd, ji rêvebirên mîrnişîniyan derbasê ulema û rêberên dînî dibe. Şêx Ubeydullahê Nehrî, mînakekî girîng ê temsîla destpêka vê dema nû ye. Şêx Ubeydullah, rewşa sîyasî-civakî ya piştî Şerê Osmanî-Rusan û dewleta Qajarî ya Îranê wek keyseke nû dinirxîne û di sala 1880an de dest bi rêxistinkirina tevgereke nû ya kurd dike. Ew, berîya destpêkirina serhildanê, ji Nasturiyan jî destekê digire û pêşiyê berê xwe dide rojhelatê Kurdistanê yanî beşê Kurdistana bin destê dewleta Qajarî ya Îranê.

Ji agahdarî û dokumentan weha dîyar dibe ku armanca tevgera 1880an ev bûye; pêşiyê bajarên Kurdistana Îranê bêne rizgarkirin, paşê jî berê xwe bidin Kurdistana Osmanîyan û bi vî awayê her du parçeyan bigihînin hev. Lêbelê konjoktora sîyasî ya navdewletî û hêzên emperyal ên wê demê; bi taybetî jî Brîtanya û Rusyayê, nedixwestin statuya mewcud a Împeretorîya Osmanî û Îranê, li dijraberê berjewendiyên wan biguhere.

Pitî şerê 1877-1878an, ji erdê osmanîyan bajarên wekî

[23] M. Salih Bedirxan, *Kılıçtan Evvel Kalem [Berî Şûr Qelem]*, *Rojî Kurd*, no: 3, weşanên War, İstenbul, 2002, r. 78

Qers, Bazîd, Erdexan û Batum ketibûn bin destê Rusya. Li herêmê zêdebûna tesîra Rusyayê, rêya bazirganîya Behra Reş a Berîtanyayê dixist xeternakîyê û herweha bandora wî ya li ser nifûsa krîstiyanên di nav sînorên Dewleta Osmanî de zêdetir dikir. Ji ber vê, Brîtanya nedixwest Rusya sînor û bandora xwe ya ber bi başûr ve berfireh bike. Lewma parastina yekîtîya dewleta Osmanî û Îranê, berdewambûna bandora wan a li herêmê, li gor pêdivîyên sîyaseta Brîtanyayê bû. Dîplomatên Brîtanya yên li herêmê, di çarçoveya vê sîyasetê de kar kirine, qethen nexwestine tevgera kurd bi pêş keve û yekîtîya wan çêbe. Lewma dîplomat û serbazên xwe yên bijarte şandine herêmê û statuyeke taybet a dîplomatên wan ên li Kurdistanê hebû. Li hemberê tevgera kurd, sîyaseta Rusya jî paralelê ya Brîtanyayê bû.

Bi girêdayî Balyozxaneya Brîtanya ya Stenbolê ve, "di 24 Nîsana 1879an de Serheng Charles W. Wilson, bi navê Konsolosê Giştî yê Anatolyayê tête tayînkirin. Herweha Serpel (Yuzbaşî) E. Clayton wek konsolosê leşkerî bajarê Wanê, Serpel W. Everett wek cîgirê konsolosê leşkerî yê Erzeromê û Amîrhêz (Bînbaşî) H. Trotter jî wek konsolosê leşkerî yê Kurdistanê têne wezîfedarkirin."[24] Wê demê balyozê Brîtanya yê Stenbolê, Austen Henry Layard bû. Li ser pêşniyara Layard, dewleta Brîtanya di 17yê Gulana 1879an de Serpel E. Clayton, bi unwanê Vîskonolosê Kurdistanê tayînî bajarê Wanê dike. Clayton bi girêdayî konsolosê Erzeromê Amîrhêz Trotter dixebitî. Lêbelê Dewleta Osmanî, karkirina wî ya di hemû bajarên Kurdistanê de qebûl nake. Piştî redkirina vê biryarê, nêzîkê mehek derbas dibe û "di 24ê Hezîrana 1879an de daxuyanîyek konsolosê Erzeromê Trotter, di hejmara 583 yê rojnameya Tercûmanî Efkar de tête belavkirin ku dibêje: Ez bi navê Konsolosê Kurdistanê hatime tayînkirin û herêma

[24] Bilal Şimşir, *Ermeni Gailesinin Tarihsel Kökeni Üzerine,* Ermeni Araştırmaları Dergisi, Sayı 1, Mart-Nisan-Mayıs 2001

wezîfa min wîlayetên Erzerom, Dîyarbekir, Mûş û Wan e."[25]

Li gor agahdarîyên Trotter, "Konsolxaneyên leşkerî yên wîlayetên navborî, têkilî û statuya wan a bi rêvebirên Dewleta Osmanî re di çarçoveyeke taybet de bû: Li gor Wezareta Derve ya Brîtanyayê, konsolosên navborî ne ji rêzê bûn, li gor peymana navbera alîyan, wan wek ajanên sîyasî yên taybet kar dikir... Ev statuya taybet, di navbera salên 1879-1883an de dewam kirîye. "[26]

"Piştî ku Trotter wek Konsolosê Kurdistanê tête wezîfedarkirin, gelek caran serdana wîlayetên Diyarbekir, Mûş, Bedlîs û Wanê dike û li ser rewşa van wîlayetan agahdarî û raportan rêdike Balyozxaneya Stenbolê."[27] Daxuyanîya wî ya ku bûye mewzûya nivîsên A. Nacîm û Keyfî, yek ji wan raportan e. Li gorî neqilkirina Wadie Jwaideh di raportek Trotter de armanca tevgera Şêx Ubeydullah weha hatîye ragehandin: "Armanca Şêx Ubeydullah ev e; ku memûrên Sultan ji herêmê dûr bixe, xwe wek serokê Kurdistanê bide qebûlkirin û bandora xwe ya li ser herêma navbera başûrê Wanê û bakurê Mûsilê xurttir bike."[28] Di berhema navborî de Claytonê cîgirê Konsolosê Brîtanyayê jî dibêje: "Bi dîtina min, armanca wî ev e, ku yekîtîya hemû kurdan pêk bîne û di bin serokatîya xwe de dewleteke serbixwe damezirîne."[29]

Ji şerê Rus-Osmanî şûn ve, di destpêka sala 1880an de li herêmê bûyera herî girîng a ku bala Brîtanyayê dikşîne ser xwe, Tevgera bi serokatîya Şêx Ubeydullahê Nehrî ye. Wekî gelek caran, Rusya û Brîtanya li ser vê tevgera 1880an jî

---

[25] Ayşe Bayraktutan, Atatürk Üniversitesi, Sosyal Bilimler Enstitüsü, Tarih Bilim Dalı, *Erzurum İngiliz Konsolosluğu ve Faaliyetleri*, Yüksek Lisans Tezi, Erzurum, 2010, r. 116

[26] Ayşe Bayraktutan, J. b., r. 113

[27] Ayşe Bayraktutan, J. b., r. 116

[28] Wadie Jwaideh, *Kürt Milliyetçiliğinin Tarihi Kökenleri ve Gelişimi*, İletişim Yayınları, 8. Baskı, İstanbul, 2014, r.166

[29] Wadie Jwaideh, J. b., r.165

hevûdu gunehbar dikin, digel ku sîyaseta wan paralele hev bû. Li gor neqilkirina Celîlê Celîl Trotter, di raporta xwe ya ji bo Balyozxaneya Stenbolê de dibêje: "Tevger û serhildana kurdan, bûyereke pirr xeternak e."[30] Û herweha ji bo têkbirina tevgera kurd, bi wesîteya ajanên xwe yên li herêmê berdewamî xebitîne û bi rêvebirên Dewleta Osmanî û Îranê re jî di nav hevkarîyê de bûne. Brîtanya, ji bo têkbirina tevgera kurd, giranî û bandora xwe ya li ser her du alîyan bi kar dianî ku sînorên xwe qewîtir bikin û rê nedin çûn û hatina kurdan. Dîrokzan Celîlê CelÎl dibêje: "Brîtanya ji bo têkbirina tevgera kurd, berdewamî bi Stenbol û Tehranê re hevdîtinên dîplomatîk pêk anîye û ji her du alîyan xwestîye ku li hemberê kurdan bi hev re tevbigerin."[31] Di meqaleyeke rojnameya T*ercûmanî Heqîqet* de, helwesta Rusyayê li hemberî tevgera kurd weha hatîye dîyarkirin: "Eger dewleta Îranê nekaribe serhildêrên kurd terbiye bike, em dê derbasî wî alîyê hidudê bibin û wan terbiye bikin."[32]

Di hinek çavkanîyan de, helwesta Stenbolê ya li hemberê tevgera 1880an, lawaz û bêlayen hatîye şirovekirin. Lê encama bûyeran nîşan daye ku şiroveyek weha nerast bû. "Di destpêka hereketê de, wek piştgirê kurdan xuyabûna Seraya Osmanî, ji ber du sedemên bingehîn bû: Yekem, ji ber nakokîyên dîrokî yên bi Îranê re, Seraya Stenbolê dixwest bi vê munasebetê Îranê bixe tengasîyê; yê duyem, dixwest nakokîyên di navbera kurdan û komên Krîstiyan ên ermen-asuran kûrtir bike û wan li hemberê hev bi kar bîne."[33]

---

[30] Celîlê Celîl, *1880 Kürt Ayaklanması; Şeyh Ubeydullah Nehri,* Avesta Yayınları, İstanbul, 2014, r. 65

[31] Celîlê Celîl, J. b., r. 90

[32] *Tercüman-i Hakikat, Kürd kıyamında reng-i siyasi,* no: 755, 20 Muharrem 1297-H (1880), r. 1-3

[33] Celîlê Celîl, J. b., r. 90

6. Xwendin û şiroveya metnê

Di xebatên weha de babeteke herî girîng jî xwendin û şiroveya metnên berdest e. Metnên di nav vê xebatê de, di bîst salên dawî yên serdema 19.yan de hatine nivîsandin. Bi dîtina min, nirixandin û şiroveya metnên werkîno, ji alîyê dîroka edebiyata kurdan ve pir girîng e. Lewra di van metnan de, ji alîkî ve bersiva pirsa hebûn-tunebûna edebîyata kurdan hatîye nirxandin û ji alî din ve jî hinek nimûneyên berhemên edebîyata kurdan hatine pêşkêşkirin û şirovekirin. Digel vê, meseleya "edebîyata împeratorî û edebîyata neteweyî", pirzimanîbûna nivîskarên metnan û xwendina berhemên wan, babeteke girêdayî vê beşê ye.

Li ser xwendina têkilîya di navbera metn û demê de, rêbazên cihê cihê hene. "Eger şiroveya metnek, li ser bingeha têkilîya di navbera metn û demê de be, di şiroveya vê metnê de du rêbaz derdikevin pêşîya me: Ji metnê ber bi demê ve û ji demê ber bi metnê ve. Rêbaza yekemîn, bi girêdayî "peydabûna manaya metnê" be; ya duyemîn jî bi girêdayî "peydakirina stratejîyên manaya metnê" ye. Yanî di xwendina metna demeke dîyarkirî de lêgerîna dewreyekê, tê manaya xwendina zemîna pêkhatina metnê; di vî rewşa hanê de gotara di bareyê manaya metnê de, girêdayî bi rewşa wê demê ve peyda dibe. Bi vî awayî "dema metnê" tê xwendin. Eger xwendina me ya di bareyê metnê de ji şiroveya rewşa demê dest pê bike, wê gavê jî peydakirina stratejîyên ji manaya metnê dertên pêşîya me. Êdî ya girîng, di metnê de lêgerîna demeke dîyar e; wê gavê tiştê ku tête xwendin "metna wê demê" ye."[34] Di vê beşê de rêbaza me, ji xwendina demê ber bi metnê ve ye.

Em dizanin ku zeman û mekan tesîreke girîng li ser berhemên edîb û şaîran dikin. Cîyê ku zimanê erebî, farisî û osmanî serdest be û berhemên edebî yên van zimanan di rewacê

[34] Mehmet Fatih Uslu- Fatih Altuğ, *Tanzimat ve Edebiyat: Osmanlı İstanbulu'nda Modern Edebi Kültür*, Türkiye İş- Bankası Yayınları, İstanbul, 2014, r. 342

de bin, bêguman bi giştî dê hunermendên wê demê jî di bin bandora ziman û kultura wan de bin. Di dema împeratorîya Sefavî û Osmanîyan de, ji vîalî ve bandorek pirr giran hebû, bi taybetî ew ên ku bi farisî nenivîsanda, wek şaîr û edîbên maqûl nedihatin qebûlkirin. Ji ber vê, bi tevî gelek şairên kurd, şairên nijadturk û wd. jî ji bêgavîyê bi zimanê farisî yan jî bi osmanî nivîsandine. Ev bandor ew qas zêde bû ku di esra XVIyê de, kurdên wekî Fûzûlî jî, di bin bandora ziman û kultura osmanî de bi turkî nivîsandine. Ji wê şûn ve jî gelek şair û edîbên kurd bi zimanê farisî, osmanî û erebî nivîsandine. Ji wan yek jî Abdurehman Nacîm ê şair û edîbê sêzimanî ye.

Digel kesayetîyên wekî A. Nacîm, gelek nivîskar, edîb û entellektuelên din ên kurd û tirkan jî di kar û xebatên nivîskarî de, zimanên cihê cihê bi kar anîne; yanî ew nivîskarên pirzimanî yên împeratorîyê bûn. Du sebebên girîng ên pirzimanîya nivîskarên kurd ên wê demê hene: Yê yekemîn, ji alîyê cografî û kulturî ve parçebûna Kurdistanê ye; yê duyemîn jî, ji ber desthilatdarî û qerekterê rewşa sîyasî, dînî û kulturî ya dema wan e.

Di wê demê de; zimanê dînî yê serdest erebî bû, zimanê edebî yê serdest farisî û erebî bû, zimanê sîyasî yê serdest jî osmanî û farisî bû. Zimanê kurdî di rewşeke herêmî de bû, ji ber vê yekê bi kurdî nivîsandin ne di rewacê de bû û kiryarên qumaşê zimanê kurdî jî gelek kêm û lawaz bûn. Hewldan û gazindên pêşewayên wekî Melayê Cizîrî, Ehmedê Xanî, Nalî, Hecî Qadirê Koyî û şopgerên li pey wan, ji bo xweşkirina rê û peydakirina bazara berhemên edebîyata kurdî bû.

Li hemberê politikayên merkezîbûna Dewleta Osmanî, hîn di destpêka sedsala XIXyan de li Kurdistanê tevgereke civakî dest pê kiribû. Peyderpey geşbûna bûyerên civakî û sîyasî, di dawîya sedsala XIXyan de bûn sebebê hinek guhartinên pirr girîng. Di dawîya rûxandina Împeretorîya Osmanî û damezirandina Komarê de; nexşeya sîyasî ya herêmê guherî, di herêmê de dewletên nû hatin damezirandin û Kurdistan carekî din bi her awayî ve hate dabeşkirin. "Kurdistan, di dawîya sedsala XIXyan de, di navbera sazîyên kevn û nû, mîrektî, dîn, mezheb, ziman, alfabe, lehçe û împeratorîyan de parçe bûbû. Ev rewşa parçebûyî ya cografyayê, bûye sebebê tewr girîng ê parçebûna edebiyata kurdî jî."[35]

Di weşan û çapemenîya dewreya dawî ya osmanîyan de nivisîna pirrzimanî; ji alîyekî ve pêdivîya demê bû û ji alîyê din ve jî xisûsiyeteke rewşenbîr û entellektuelên wê demê bû. Rewşenbîr û nivîskarên kurd ên wê demê jî, bi pirranî ji ber rewş û bandora desthilatdarîya sîyasî ya demê, bi zimanê osmanî, farisî û erebî nivîsandine.

7. Di pêşkevtina edebiyatê de rola çapemenîyê

Dema em bala xwe bidin naveroka rojname û cerîdeyên wê demê, nivîsandina bi zimanê kurdî, bi tevî pêşkevtina tevgera sîyasî û civakî ya kurd çêbûye. Di nav rûpelên *Tercûmanî Heqîqet* de weşandina nivîsên A. Nacîm, Keyfî, A. T., Hesen Zûhdî û wd. piştî têkçûna mîrnişînîya Botan û rastî dema tevgera Şêx Ubeydullahê Nehrî (1880-1882) tê.

Di rastiyê de edebîyat ji dîrokê nayê qutkirin. Metnek, ji dema nivîsandina xwe û bûyerên pêvajoya dîrokî nayê veqetandin. Ji ber vê yekê, lêkolîna dîroka civakî ji alîyekî ve lêkolîna dîroka edebîyatê ye. Heman demê dîroka edebîyatê jî, parçeyek ji dîroka civakî ye û edebîyat bi xwe jî meseleyeke dîrokî ye. Dema edebîyat wek meseleyeke dîrokî bête nirixandin, dîroka edebîyatê bi xwe derdikeve pêşîya me. Ev dîrok jî li gor dem û taybetîyên xwe, li ser dewreyên cihê cihê tête dabeşkirin û binavkirin. Eger metnên edebî li gor taybetîyên van dewreyên ciyawaz bêne nirixandin, dem û dewreya metnên ku têne şirovekirin, dikeve bihûrîna navbera du serdeman. Serdema nû, wek destpêka edebîyata modern tête qebûlkirin. Terry Eagelton jî dibêje: "Bi wateya xwe ya modern têgeha

---

[35] Mehmet Fatih Uslu- Fatih Altuğ, J.b., r. 329

edebîyatê, encax di serdema XIXyan de ketîye rojevê. Bi vê wateya xwe ve edebîyat, fenomeneke aîdê dîroka nêzîk e."[36]

A. Nacîm, Keyfî û yên din bi nîvîsên xwe yên di nav rûpelên *Tercûman-î Hakîkat [Tercûmanê Heqîqet]* de, bi giştî ronahî didin ser dîrok û teorîya edebîyatê û bi taybetî jî ronahî didin ser dîroka edebîyata kurdî. Ronîkirina dîroka edebîyata milletek, ji bo nasandina pêjn û fikryata wê pirr girîng e; ew jî tê wateya ronîkirina gelek xusûsiyetên kulturî û dîrokî yên wî milletî. Herweha dîroka edebîyata milletekî, heman demê dîroka berhemên nivîsandî û çapkirî yên wî milletî ye û di bingeha xwe de parçeyek ji dîroka wî ye. Ji ber vê, rola çapemenî û materyalên çapkirî, di dereceya yekemîn de wek çavkanîyên dîroka edebîyatê têne qebûlkirin.

Di vê çarçoveyê de lêkolîn û lêgerîna li ser kovar û rojnameyên kurdan, yên milletên cîran ên wekî osmanî, ereb, faris û wd. ji bo ronîkirina dîroka edebîyata kurdan gelek girîng e. "Kovar û rojname wusan li cîyê xwe da bûne meydan û bingeha çapkirin û belavkirina çîrok, serhatî, şiîr, helbest, beyt û destanan. Kovar û rojname bûne meydana gelek şaîr û nivîskaran; wana şiîr, xazel û helbestên xwe têda car-caran çap dikirin. Eger kovar û rojname çap nebûna, nivîsarên helbestvanan, çîrokvanan, dîroknasan û zanyaran têda çap nebûna, ew nivîsar û helbest wê wunda bibûna, wusa pûç bibûna û ji paşketîyan ra nemana. Hema ji saya serê kovar û rojnaman em dikarin tarîxa peydabûn û pêşveçûna lîteratûra millet bînin ber çavê xwe û binivîsin"[37]

Ev xebata ber destê we, li ser destpêka dewreyek girîng a çapemenîya osmanî û rojnameya *Tercûmanî Heqîqet* hatîye kirin. Rojnameya navborî, du sal piştî ragehandina Meşrûtîyeta Yekemîn dest bi weşanê kirîye. Meşrûtîyeta Yekemîn, di

---

[36] Terry Eagelton, *Edebiyat Kuramı*, Sanat ve Kuram Yayınları, 3. Baskı, İstanbul, 2011, r. 32

[37] Prof. Qanatê Kurdo, *Tarîxa Edebîyata Kurdî (Kürd Edebiyatı Tarihi)*, Weşanên Öz-ge, 1992, Ankara, r. 23

sala1876an de ji alîyê Andulhemîdê II. ve hatibû ragehandin. Du salên pêşî yên Meşrûtiyetê, ji bo geşepêdana çapemenîya osmanî, wek salên zêrîn têne qebûlkirin. Lêbelê piştî ku ji alîyê Padîşah Abdulhemîdê II. ve Meşrûtîyet hate hilawistin, sansurek dijwar dest pê dike û peyderpey xebatên çapemenîyê jî têne dereceya rawestandinê û naveroka wan jî diguhere. "Di navbera salên 1876-1878an de, her sal li Stenbolê neh-deh kovarên nû dihatin weşandin. Di sala 1888an de sansureke dijwar hate tetbîqkirin û bi salane hejmara weşanên nû daket yekê. Desthilatdarîya sîyasî, bi pêkanîna vê sansurê, dixwest gengeşeya li ser babetên sîyasî yên wekî lîberalîzm, neteweyîtî û meşrûtiyetxwazîyê qedexe bikin. Di rojname û weşanên peryodîk de qedexekirina gengeşeya rojane ya bûyerên civakî û sîyasî, bû sebebê vê yekê ku rojname rûpelên xwe bi meqaleyên ansîklopedîk ên li ser berhemên edebî, dîrokî, cografî, zanist û teknolojî tije bikin. Têkilîya xwendevanên osmanî û cîhana derva bi vî awayî çêdibû. Wê demê tîraja rojnameyên navdar ên Stenbolê, di navbera 12 û 15 hezaran de bû."[38]

Di dema desthilatdarîya Abdulhemîdê II. de ne tenê zixtên li ser çapemenîyê, herweha zixtên li ser alîyên sîyasî û îdeolojîk jî bêtir bûne; bandora grubên îdeolojîk ên wekî parastvanên "rojavayîbûn", "netewebûn"ê hatine lawazkirin û di şûna wan de îdeolojîya "îslamîparêzî" bûye serdest. Di çarçoveya vê îdeolojîyê de, pêkanîna yekîtîya unsurên îslamî wek armanca bingehîn hatîye destnîşankirin.

8. Nivîsên li ser edebîyatê

Dema em bala xwe bidin rojname û weşanên wê demê û dewreya piştî wê jî, xuya dibe ku gengeşeya derbarê hebûn û tunebûna edebîyata kurdî, lawazî û dewlemendîya zimanê

---

[38] Erik Jan Zürcher, *Modernleşen Türkiye'nin Tarihi*, İletişim Yayınları, 27. Baskı, 2102, İstanbul, r. 124, bak Orhan Koloğlu, Osmanlı Basını: İçeriği ve rejimi. (Yay. Yönt. M Belge).

kurdî bi berdewamî hatîye kirin. Li vê derê dixwazim hinek nimûneyên wan gengeşeyan bînim bîra we, da ku em karibin bêtir ronahî bidin ser vê babetê.

Li gor agahdarîyên rojnameya Tercûmanî Heqîqet (T. H.), kurdekî navdar ê bi kurteya navê A. T. di 5ê Hezîran 1880ê de nameyek ji rêvebirîya rojnameyê re rêdike, bi vê nameyê ew jî tevlî vê gengeşeyê dibe û dibêje: "Delîlê mukemelîyetîya zimanê me, hebûna şiîrên bijarte û berhemên dîwanên edebî yên ku her yek qiteya wan karin bi berhemên nivîskarên wekî "Homeros", "Lamartin" û "Wolter" re miqayese bibin. Ku pêdivî hebe, ez dikarim hinek berhemên hevdemên me wek nimûne tercûme û teqdîm bikim. Digel vê, kurdî, li pirranîya deverên Iraqa erebî, Heleb û Şamê di dereceya zimanê fenê de tête xwendin. Li van deveran ereb û tirkên ku bi zimanê kurdî nizanibin, nikarin bibin alim. Di seha felsefeya bilind de jî wisa merivên mukemel hene ku yên wekî Wolter ji gorê rabin jî, dê di warê îlahîyetê de li hemberê wan aciz bimînin û ji xeynî teslîmbûnê tu çare li ber wan namîne....

Di warê fen û edebiyatê de jî gelek xizmetên kurdan çêbûne; mînak, berhemên kesayetîyên me yên wekî Ebû'l Fîda, Ebû'l Wefa ji alîyê encûmendanîşên Awrupayî ve hatine tercûmekirin, kesayetîyên me yên wekî Ebû'l Suud û Gûranî jî bi fazîlet û îlmê xwe yê gewre di mewqîyên bilind ên Xîlafeta Osmanî de cî girtine."[39]

Abdurehman Nacîm jî di nivîsa xwe ya ji bo bersiva Konsolosê Brîtanyayê de dibêje: "Ulema û şaîrên kurdan; wek eser û şaîrên arebên bedewî, ehlê faris û zimanpakên turkî şiîr nivîsandine û eser hiştine. Ji van navdarên wekî Hezretî Şêx Mewlana Xalid, Beytûşîyê Ellame, Şêx Marûfê Berzencî û miftîyê Bexdadê Şêx Mihemed Feyzî Efendî bi eserên matbu û muteber hatine nasîn....."[40]

---

[39] A.T., *Varaka: Kurdistan* Tercüman-i Hakikat, no: 594, s. 2-3, 5 Haziran 1880

[40] Abdurahman Nacim, *Tercüman-ı Hakikat [Tercûmanî Heqîqet]*, no: 982, s. 2-3, 29 Ekim 1881

Keyfî jî behsa dêrînî û kevnarîya berhemên edebîyata kurdî dike û dibêje: "Ez xebata ji bo qencîya vî qewmê esîl û hewldana temînkirina dahatûya wî, wek wezîfeyeke pîroz hîs dikim. Ji ber vê yekê, carina ez dê bi daxwaza çapkirinê hinek berhem û şiîrên edebîyata kurdî ji bo zatên heqîqetnasan rêkim...

Konsolosê Brîtanya li Diyarbekirê, bê tefekûr gotîye edebîyata kurdî "nîn" e. Di rastîyê de li kutibxaneyan, gelek eserên edebîyata kurdî hene; li vê derê ez dê xazelekî 1300 salî yê sade û herî kêmhûner ê Kurdî, wekî "mukadîmeyek redkirina" tehqîqatên Konsolos, bi tevlî tercumeya wê ya turkî ji bo rojnameya we rêkim. Hûn dê bibînin gotin û agadarîyên wî çiqas dûrê rastîyê ne." [41]

Hesen Zûhdî jî dibêje: "Ew nêrîna ku bi pêşînhikum bibêje ev qewm ji maarîfet û edebîyatê mehrûm e, di nezera heqîqetê de ev nêrîn batill [beyxude] e. Batill bi temamî batill e, heq jî bi temamî heq e; ku ev yek ji bo îspatkirina îddeaya tête kirin nebes be, ji nav vî qewmî gelek kesayetîyên xwedî fazîlet, ulema, şaîr, xetîp û xizmetkarên wd. derketine, eser û qelemên wan li meydanê ne."[42] Nivîskar di berdewamîya nivîsa xwe de dibêje: Qewmê kurd girêdayî bi îlm û fenê ye û di nav wan de gelek kesên ku bi qelema xwe berhem dane hene. Kurdên fazîletperwer ên wekî Hezretî Ehmedê Xanî, berîya 300 salan manzumeya xwe ya bi navê *Mem û Zîn*ê di şiklê "Romanê" de bi zimanê kurdî nivisîye ku nivîskarê wê bi qelema xwe ne kêmê Aleksander Duma ye. Herweha zatên wekî Şêx Ehmedê Cizîrî jî, hem di îlmê zahîrî û fenê de û hem jî dereceya zanîna wî ya li ser îlmên heqîqetê, ji yê gelek kezên fazîletperwer bilidtir e."[43]

---

[41] Keyfî, *Cevabnam-î Manzûm*, Tercüman-i Hakikat [Tercûmanî Heqîqet], no: 974, s. 3, 19 Eylül 1881

[42] Hasan Zühdi, *Funun-Kürdler*, Tercüman-i Hakikat, no: 1014, s. 3, 8 Teşrin-i Sani 1881

[43] Hasan Zühdi, J. b.

Mînakên li jorê, ji gengeşeyên berîya Meşrûtîyeta Dûyemîn in. Piştî ragehandina Meşrûtîyeta Duyemîn jî, di navbera rewşenbîrên kurd û yên osmanî de gengeşeyên bi vî rengî çêbûne. M. Salih Bedirxan, di nivîseke xwe de bersiva kesên ku dibêjin "edebîyata kurdan nîne" dide û dibêje: "Şair û edîbên herî bijare yên wekî Fuzûlî, Ehmedê Xanî, Nefî, Mewlewî, Kurdî, Harîk, Nalî, Hecî Qadir, Şêx Riza ji nav kurdan derketine."[44]

Piştî bidawîhatina Şerê Yekemîn ê Cîhanî jî gengeşeyên bi vî rengî dom kirine û her carê jî rewşenbîr û nivîskarên kurdan ji bêgavîyê bersiva wan dane. Ji van bersivan yek jî, sernivîskarê kovara *Kurdistan* Mehmed Mîhrî Hîlav dide û dibêje: "Pirsên xav ên ronakbîr û zanayên Stenbola Xîlafetê hene û dibêjin; ma edebîyata kurdan heye, zimanê kurdî ji edebîyatê re musaîd e?"[45] Wî pirsên weha, wek nîşana rewşa perîşan û dilşewat a komên alema Îslamî didît û rexne li wan digirt û digot bi vê nihêrînê "Tenê edebîyat û zimanê qewmekî na, eynî wext hemû hebûna wê jî di bin perdeya jibîrkirinê de hatîye hiştin."[46] Wî digot ez ê ji bo bersîva van pirsên xav, "bi goranî û kurmancî ji berhemên edebî yên hin kesên navdar hinek stran, xazelên gelêrî, beyt, goranî, heyranok, lawje û bêrîteyan di nav rûpelên kovara *Jînê* de binivsînim, wergerînim û pêşkêşê xwendevanan bikim."[47] Û herweha wek bersîv û îspatê jî, navê Mela Ehmedê Cizîrî, Mela Ehmedê Xanî, Mela Xidirê Nalî, Mela Ebdurrehîmê Ma'dûmî, Mela Ebdurrahîmê Wefayî, Şêx Rizayê Kerkûkî, Mistefa Begê Kurdî û Hacî Qadirê Koyî wekî "dahîyên edebîyata milletê kurd" rêz

---

[44] M. Salih Bedirxan, *Kılıçtan evvel kalem [Berî Şûr Qelem]*, Rojî Kurd, no: 3, weşanên War, Îstenbul, 2002, r. 78

[45] *Jîn*, M. M. Kürd Edebiyatından Bazı Örnekler, no: 2, Wergera M. Emin Bozarslan

[46] J. b.

[47] M. M, *Kürd edebiyatından bazı örnekler [Hinek mînakên edebîyata kurdî]*, jîn, no.: 2, Werger û transkripsiyona M. Emin Bozarslan, Sweden, 1985

dikir.[48] Kamuran Bedirxan jî di nivîsa xwe ya bi navê "*Tetkîkatên dîrokî û îçtîmaî*" de, beşek ji xebata Sayclî yê mamosteyê Darûlfununa Kembrîçê neqil dike û dibêje: "Edebîyata kurdan ne di rewşekê îbtîdaî de ye, ji cûreyên wekî şiîr, stran û çîrokan pêk hatîye."[49] Dirêjkirin û zêdekirina nimûneyên weha mimkun e, lêbelê vê gavê ji bo têgehîştina mexsedê ew qas bes in.

Dawîyê em dikarin bêjin ku di dema osmanîyan de gelek nivîskar, edîb û entellektuelên împeratorîyê di kar û xebatên nivîskarî de zimanên cihê cihê bi kar anîne; yanî ew nivîskarên pirzimanî yên împeratorîyê bûn. Bi nêrîneke neteweyî, şirovekirin û nirixandina edebîyata împeratorîyê ne dirûst e. Di salên dawî yên împeratorîyê de, ji ber tesîra fikrên sîyasî yên neteweyî, peyderpey fikrên kulturî yên qewmî peyda bûn. Ji ber vê yekê; di wê demê de parastina hebûna edebîyat, ziman û kultura kurdan, bi kurdî nivîsandin, helwesteke cihê bû û destnîşankirina cûdayîyeke kulturî ya "qewmî" bû. Em dikarin van xebat û çalekîyên kulturî û rewşenbîrî yên di navbera Meşrutîyeta Yekemîn û Duyemîn de, ji alîkî ve wek destpêka fikra neteweyî ya kulturî qebûl bikin. Lêbelê di wateya xwe ya modrn de, berhemên edebîyata kurdî ancax piştî Meşrûtiyeta Duyemîn, bi rêka kovar û rojnameyên wê demê peyda bûne.

9. Pesnê Xan Andulhemîd

Bi taybetî di sîstemên împeratorîyê de û wekî din jî pesindana Kral, Şah û Padîşahan, rêvebir û gewreyên dewletan wek adet û cûreyek edebiyatê hatîye qebûlkirin. Pesindanên weha, ji bo sûdwergirtina îzzet û kerema Şah û Padîşahan bû. Ji bo pesindanê qesîde, şiîr û nazîreyên bi belagat hatine ni-

[48] Seîd Veroj, *Mehmed Mîhrî Hîlav û Kovara Kurdistan,* Weşanên Weqfa Beşîkçî, Stenbol, 2015, r. 90

[49] Kamuran Âlî, *Kürdler: Tarihi ve ictimai tetkikat,* İçtihad, no: 130, 14 Teşrini Sani 1918

vîsandin. Leşkerekî şair û dîroknivîs Emîn Feyzî, vê rewşa hanê rexne dike û sedemê vê yekê bi zordarîya desthilatdaran ve girê dide û li ser vê çeşîdê edebiyatê dibêje: "Di nav şairên Şerqê de ji berê ve pesindan û metihkirin adet e. Wan bi methiyeyan îsbata îstihqaqa xwe dikir. Ew ên ku bi vî awayî mukefat û dîyarî digirtin pirr bûn, ji ber vê yekê şiîr û edebiyat geş bûye.

Lê ew ên ku di fitrata xwe de ji pêjnên edaletê dûr bin, her hal kirinên wan çi bin jî dê bikin. Weha xuya dibe, tiştê ku wan dike zordar ne şiîr e. Tiştê ku hinek kesan ji wan re dike meddah, îstibdada (zordarîya) wan e."[50]

Ev cûre nivîs, bûne parçeyek ji Edebîyata Dîwanê û pirranîya şairên wê demê gelek qesîde û şiîrên weha nivîsandine. Fuzûlî jî di dema xwe de ji bo pesindana Sultan Silêman qesîdeyek nivîsandibû. Abdurehman Nacîm jî di nivîs û şiîrên xwe de, gelek caran di dereceyeke bilind de pesnê Padîşah Abdulhemîdê II. dide. Dema em li meqam û mewqîya wî binêrin, bêguman ji alîyek ve tesîra postê û meqamê wî li ser vê pesindanê heye. Lêbelê ji nivîsên wî dîyar dibe ku ew vê meseleyê teorîze dike, bi meqam û desthilatdarîya "Seltenet û Xîlafet" ve girê dide.

"Ji alîyê her kesî ve tête zanîn ku Padîşah, di rûyê zemîn de xelîfeyê dîn û heq e û hakimê mutlaq ê her tiştî ye. Padîşah; bi îhsana erêkirina Xwedê serbilind e, bi îzzet û hukma Rebîyê Subhanî bûye xwedîyê îtibar û îmtîyaz. Padîşah; ji bo alîkarîya heqê û rîayetkirina xelqê hatîye wezîfedarkirin û tayînkirin, hevsarê karûbarê civakî dane destê îqtidarê, sazkirina karê dîn û dinyayê emanet û teslîmê wî bûye. Sultan, di nava xelkê de sîya Xwedê, parastvanê şerîet û nîzamê ye. Ew ê ku bi qeweta şûrê sîyasetê zaliman bêdeng dike û mezluman di sifreya edaletê de têr dike, Sultan e. Îteatkirina li ber emr û qedexeyên Sultan,

[50] Süleymaniyeli Emin Feyzi, *İlâve-i Şuâât*, Necmi İstikbal Matbaası 1341, İstanbul, r. 47

wekî îteatkirina edaletê ye. Îteatkirina ji Wî re, wekî histuxwarkirin û îteatkirina Cenabê Xudayê mezin û Resûlê Ekrem e.... Di eslê xwe de gotina "Ulûl emir", ji bo Padîşah û memûrên wî yên ku ji bo karên dînî û dunyewî hatine wezîfedarkirin e.

Bi rastî jî îteatkirina ji Padîşah re, sebebê lihevkirin û berhevbûnê, geşepêdana refah û întizama dîn, pêşxistina Îslamê, pêkanîna hizur û parastina hemû xelkê ye.

...

Huzeyfe bîn Yeman gotîye: "Qewm û milletên ku bixwazin padîşahê xwe zelîl bikin, Cenabê Heq jî wî qewmî di dinyayê de zelîl û di axîretê de jî rezîl û riswa dike."[51]

A. Nacîm bi zimanê farisî, erebî û osmanî gelek şiîr û nivîs neşirkirine, pirrî caran jî di hevokên xwe de pesnê Xan Abdulhemîd daye. Wî, tenê ji bo Abdulhemîd nenivisandîye, ji bo şexsîyetên wekî Wezîrê Xaricîye Saîd Paşa, Mûnîf Paşa, Ahmed Nacî Efendî yê katibê qelema wîlayetê Behra Sefîd û Emîn Hîlmî Efendî nivîsandîye. Li jêrê şiîrek wî yê ku pesnê Xan Abdulhemîd dide, ji bo sala nû ya 1299ê ya Hîcrî hatîye nivîsandin û di stuna edebîyatê ya rojnameya T.H. de bêserlewhe hatîye neşirkirin.

"Merheba ey sala bi bereket a Xan Abdulhemîd,

Ey mizgîna mezinayî û hikumdarî Xan Abdulhemîd.

Xwedê te bi vî rengî bigerîne,

Ciyê ziyareta te be derîyê Xan Abdulhemîd.

Sal û meh û hefte û rojên te pirr bi nûr gerîyan,

Bi înîqasa roja îstiqbala Xan Abdulhemîd.

Bi rayekî xweş ji nû ve întizam da milk û dîn,

Kiryarên herî qenc kiryarên Xan Abdulhemîd.

---

[51] Abdurahman Nacim, *Arap edebiyatı ve İslam siyaseti-1*, Tercüman-ı Hakikat, no: 967, 16 Şevval 1298-H/10 Eylül 1881

Bi alîkarîya Yezdan bû Şehînşahê Cîhan her dem,

Bêşubhe nîne emsalî Xan Abdulhemîd.

Sala nû ya pîroz bi bereket hat,

Ronahî bû alem bi hatina Xan Abdulhemîd.

Nacîm tarîxê bi vî awayî beyan kir -ku cewher belav bû-,

Bi mizgîna xêrê hat salî Xan Abdulhemîd."[52]

Nacîm, pirtûka xwe ya *Rahnameya Dîyabekir* jî, bi van rêzeyên pesindanê bi dawî tîne:

"Wekîlê fexra zeman, sîya Xuda û Mecîd,

yanî xaqanê mezin Sultan Abdulhemîd.

Xudayê teala daîm bike heybeta wî,

Xuda alîkar be û bilind bike selteneta wî."[53]

A. Nacîm di gelek pirtûkên xwe de pesnê Sultan Abdulhemîd Xan dide û dibêje; "Wî, ji bo pêşketina îlm û mearîfetê gelek xîret û xebat kirîye, bi sayeya fikir û zanîna wî, ewladên weten bûne xwedîyê exlaqê baş, hînê fen û îlmên mifedar bûne."[54]

10. Nivîsên wî yên di rojnameya *Tercûmanî Haqîqet* de

Dema em bala xwe bidin xebat û pirtûkên wî yên çapkirî, dîyar dibe ku nivîskarîya Abdurehman Nacîm, gelek dem berîya çapbûna rojnameya *Tercûman-î Hakîkat [Tercûmanî Haqîqet]* dest pê kirîye. Ji ber vê yekê, ku em bêjin nivîsên dewreya *Tercûmanî Haqîqet*, êdî nivîsên di formata nivîskarîya rojnamevanî de ne, bawer dikim dê bitir ciyê xwe bigire.

[52] Abdurrahman Nacim, "Başlıksız Şiir", *Tercuman-i Hakikat*, no: 1045, s. 3, 22 Muharrem 1299/ 14 Kânunuevvel 1881

[53] Mudde-i Umumi serveri Abdurrahman Nacim, destnivîsa *Rahnameyî Diyarbekir*, 27ê Nîsana 1885

[54] Ali Birinci, *Tarih Gölgesinde Meşahir-i Mechûleden Birkaç Zat*, Weşanên Dergah, Stenbol, 2001, r. 289

Di nav rûpelên *Tercûmanî Haqîqet* de, nivîsên wî bi pirranî di stunên "Edebîyat" û "Bend-î Mahsûs" de bi nav û unwanên "Wekîl û Muaventê Muddeîumumî yê Edirneyê", "Abdurehman Nacîm ê Muddîeumumî yê Wîlayetî Hûdavendîgar" û "Muddeîumumî yê Wîlayetî Hûdavendîgar ê berê" hatine neşirkirin. Babeta piranîya nivîsên A. Nacîm, li ser edebîyatê ye û di nav wan de jî gelek şiîr di şiklê nazîre de hatine nivîsandin.

Neşe Demircî di lêkolîna xwe ya li ser rojnameya *Tercûmanî Heqîqet* de, nav û naveroka hinek nivîsên A. Nacîm weha anîye ziman:

"- Di hejmara 631ê ya *Tercüman-î Hakîkat* de, li ser *"Mesele-i Medeniyet ve Ruhbaniyet [Meseleya Medenîyet û Ruhbanîyetê]*" nivîseke Abdurrahman Nacîm Efendî bi navê "Wekîl û muaventê Mudeîumumî yê Edirneyê" di stuna "Bendî Mahsûs" de hatîye belavkirin.

- Di hejmarên 967, 968 û 969an ê T. H. de, bi îmzeya "Abdurehman Nacîm ê Muddîeumumî yê Wîlayetî Hûdavendîgar", rêzenivîseke bêserlewhe di stuna "Bendî Mahsûs" de li ser "Edebîyata Ereban û sîyaseta Îslamê" nivîsandîye.

- Di hejmara 982 ya T. H. de, bi navê "Muddîeumumî yê Wîlayetî Hûdavendîgar", di stuna "Edebîyatê" de ji bo bersivandina daxuyanîyên konsolosê Brîtanyayê, li ser "berhem û şexsîyetên navdar ên edebîyata kurdî" nivîseke dirêj, têr û tije nivisandîye.

- Di hajmara 1045an de, bi nav û umwanê "Nacîm Efendî yê Muddeîumumî yê Wîlayetî Hûdavendîgar ê berê", di stuna "Edebîyatê" de ji bo "sal-î cedît [sala nû]" bi navê "Tarîh-î Dîger" nivîseke bêserlewhe nivisîye ku sala1299ê nîşan dide. Herweha di heman hejmarê de wek nazîre şiîreke erebî ji bo Alî Fuad Beg nivisîye.

- Di hejmarên 1072 û 1084an de jî, wek nazîre di stuna

"Edebîyatê" de bi navê "Nacîm Efendî yê Muddeîumumî yê Wîlayetî Hûdavendîgar ê berê" du şiîrên wî yên bêserlewhe hatine belavkirin.

- Di hejmara 1171ê de, bi munasebeta tayînbûna Seîd Paşa ji bo Nazirîya Xaricî, di stuna "Edebiyat"ê de nivîseke dîrokî nivisandîye. Di hejmarên 1181, 1195 û 1211an de jî bi navê "Abdurehman Nacîm ê Muddeîumumî yê Wîlayetî Hûdavendîgar ê berê" xazelên wî hatine çapkirin."[55]

---

[55] Neşe Demirci, *Tercüman-i Hakikat Gazetesi (1- 1500 sayılar), İnceleme ve Seçilmiş Metinler [Rojnameya Tercüman-i Hakikat (Hejmarên: 1-1500) Lêkolîn û Metnên Bijarte]*, Teza Lîsansa Bilind, Sivas, Kanûna 2012, r. 181, 182

11. Keyfî kî ye?

Keyfî bi eslê xwe ji qeza Koyê ya ser bi Silêmanîyê ji dayik bûye. Li ser tarîxa ji dayikbûna wî, agahdarîyên ciyawaz hatine belavkirin; ji alîyê hinek lêkolîneran ve tarîxa jidayikbûna Keyfî, sala 1814 tête nîşandan. Bi îhtimaleke mezin ev tarîx ne dirûst e. Di lêkolîna hêja ya bi navê "*Koyê le Rewtî Şaristanîyet da*"[56], li ser cî û tarîxa ji dayikbûna Keyfî weha hatîye nivîsandin: "Ev şairê behredarê kurd, navê wî Fetullahê Ciwanroyî bûye û nasnavê wî yê şairîyê jî "Keyfî" bûye, şair li dewrûberê salên 1255 ên koçî bi beramberê 1839ê zayinî li Şehrezûrê ji dayik bûye."[57]

Di berhema navborî de li ser xwendina wî ya li Koyê dibêje: "Xwendinî suxteyî û feqêyetî pêş hatinî bo Koyê wergirtuwe, le salî 1280 beramber be 1863 le Koyê le layî Hacî Mela Ebdullahê Celîzade wek musteîdêk xwêndinî ayînî û fîqehî (fiqihî) wergirtûwe we ta ku salî 1869 her le Koyê bûwe we lew maweyş da şaîrêkî lêhatûy dîkey kurd le heman mizgeftî Celîzadan le Koyê lelay Hacî Mela Eshedî Celîzade xwêndûyetî, ewîş (ew jî) Şêx Rezayî Talebanî (1867-1910) bû. Be şewan Keyfî û Şêx Reza û Hacî mela Ebdullah û desteyek le mela û şaîrî dîke, le medresekey Hacî Mela Eshedî Celîzade û hendêkê carîş le dîwanxanekey Emîn Axayî Exter qorrî edebîyan bestûwe."[58]

Keyfî berîya ku biçe Koyê dest bi nivîsandina şiîran kirîye; bi zimanê kurdî û farisî şiîr nivîsandine. Di berhema bi navê "*Koyê le Rewtî Şaristanîyet da*" de, li ser şairî û hatina wî ya Koyê dibêje: "Keyfî ke hatûwete Koyê şaîrêkî lêhatû bûwe

---

[56] Kerîm Şareza, Nazim Hewêzî, Osman Mistefa Xoşnav û Mecîd Asinger, *Koyê le Rewtî Şaristanîyet da (Nûsîn û lêkolînewew bidiwadaçûnî)*, Birwane-Govarî "*Defterî Kurdewarî*", jimare: 2, salî 1970- Babetêkî Mesûd Mihemed be nawnîşanî Keyfî Ciwanroyî,

[57] J. b., r. 281

[58] J. b., r. 281

honrawey naskî be kurdî û farisî danawe, le hunerî şiîrêk da legel şairî belîmetî kurd Nalî pencebazî kirduwe. Keyfî le naw aw û hewayî şairîyetî Nalî da desûrêtewe û honraweyekî naskî le şîhre pirr hunerekanî ew şaire bilîmetey kemtir danenawe.

Le honraweyekî dîkey da zîyatir deçête naw asmanî hest û endêşeyî Nalî û ciwantirîn xazelî dildarî be nawî "*Em dilê reşe*" dadenê û goy hunerî şîhrî klasîkî kurdî debatewe û dellê:

Em dilê reşe bê rehme ferengêkî tewawe

Reş qelbî reşe fitne beçawnawî birawe

Qewsî be super kirduwe girtûye bedestî

Sed xencerî xwênrêj û dûsed tîrî siwawe!

Zincîrî edalet nîye ê zallime zulfe

Her çende benî bende berûy erşî xwawe

Ta ku le kotayî xazelekeyî da dellê:

Jêrî kemerî basî bikem barî gunahe

Keyfî lebin em barî gunehe milî nawe!!"[59]

Keyfî xwendina xwe ya li bajarê Koyê, di medreseya Hacî Mela Eshedê Celîzade de didomîne û li vê derê bi berdewamî tevlî qorr û kombûnên edebî yên medreseyê dibe ku wê demê Şêx Rizayê Talebanî jî di heman medreseyê de musteîdê berdest ê Hacî Mela Eshed bûye. Şêx Reza û Keyfî, li vê derê hev nas dikin û bi hev re diçin dersên Mele Ehmedê Celîzade. Şêx Riza Talebanî, xwendina xwe li qeza Koyê û li ber destê Mele Ehmedê Celîzade temam dike. Paşê ji ber dilşikestinek di navbera feqîyan de, Keyfî ji bêgavîyê medrese û Koyê terk dike û diçe Hewlêrê.

Di berhema navborî de dibêje: "Keyfî musteîdîkî (daxwazkirîyek) zîrekî xwêndinî melayetî û şaîrêkî lêhatûyî korr û

---

[59] J. b., r. 282-283

kobûne edebîyekanî medresekey Hacî Mela Eshedî Celîzade bûwe û Şêx Rezayî Talebanîş leheman medrese da musteîdî berdestî Hacî Mela Eshed bûwe. Legel Keyfî gelêk pêşbirrkêyî edebî û hecûkarî kirdûwe. Le encamî yekêk lew milmilane û şerre şîhraneyan da Keyfî dilî deşikê, be taybetî ke hendek le feqêkanî em medreseye bo layengîrî Şêx Reza be xorêkî naşîrîn wêneyê Keyfî le ser dîwarî jûrî mizgewt dekêşin û le encamî ew naxoşeş Hacî Mela Ebdullayî Celîzade le Keyfî pest debê le medresekey derî dekat. Ewîş be dilşikawî Koyê cê deylê û deçête Hewlêr û derçûneyîş le Koyê le salî 1286î koçî beramber be 1869î zayînî debê."[60]

Piştî bi terkkirina Koyê, Reşîd Axayê Hacî Mela Bekir Axayî Hewêzî nameyek ji bo Keyfî dinûsê û ji wî daxwaz dike ku vegere Koyê. Lêbelê Keyfî di bersîva xwe de rexne li bûyerên pêkhatî dike û dibêje li hemberê min bêrêzî hatiye kirin, ez êdî venagerim. Herweha ji bo Hacî Mela Ebdullahê mamosteyê xwe jî dibêje:

"Çon heybetî birdim le xirurî hezeran

Çon heybetî kirdim be ser û suretî dîwar!!

Herçende cefay damew sefam lê nedî ema

Şahne deket medh û enayî çakî be eşhar!"[61]

Keyfî piştî ku tê Hewlêrê, demek dirêj li wê derê namîne. Bi rêya Mûsilê re pêşiyê diçe Helebê, du-sê salan li wê derê dimîne û paşê berê xwe dide Stenbola paytexta Dewleta Osmanî. Keyfî li Stenbolê jî huquq dixweyne."[62]

Li ser dema çûyina wî ya Stenbolê, dîrok û nêrînên cuda cuda têne nîşandan. "Li gor Mesûd Mihemed, Hacî di sala 1864an de ji Koyê derçûye û Gîw Mukrîyanî jî wesa bawer

---

60 J. b., r. 283-284

61 J. b., r. 285

62 Aso Zagrosî, Hacî Qadirê Koyî, 20ê Avrila 2009, http://aso-zagrosi.over-blog.com/article-30477328.html, 01.04.2016

dike ku di navbera salên 1853 û 1854 an de çûne Stenbolê."[63] Di lêkolîna hevpar a "*Koyê le Rewtî Şaristanîyet da*" de jî dibêje: "Keyfî maweyekî kurt le Hewlêr demênêtewe, be rêgay Musil deçête Heleb û le salî 1255î koçî beramberî 1871î zayînî Hacî Mela Ebdullahî mamostê legel bawkî da deçin bo Hec, le Heleb çawîyan pêk dekewêtewe lew wexte da mamostayî taybetî mindalekanî walîyî Heleb debê û legel yekdî da aşt debinewe û duwayî yek-dû sal Keyfî rê dekate Estenbûll, lewê çawî be Hacî Qadirî Koyî dekewîtewe."[64] Bi dîtina min, ev dîroka dawî bêtir nêzîkê rastî ye.

Ji nivîs û helbestên Hacî Qadirê Koyî dîyar dibe ku ew pirr qîmet dide Keyfî. Hacî Qadir bi rêzgirtinê behsa Keyfî dike, jîyana wî ya li Stenbolê wek "hepsa zêrî zemîn" tîne ziman û wî jî di nav de wek esîr dide nîşandan û di *Dîwana* xwe de dibêje: "*Keyfî hacet nîye bikem basî/ Em kitêbey bixûnî deynasî. Be kê billêm ke be Keyfî billê be keyf û sirûr: Xemî nebê ke felek akîfatî çille guzîn. Le qurr binîşe billê: Qewm û qîle haware/ Esîr e Keyfî le Roma le hebsî zêrî zemîn.*"[65]

Dema em têkilîya Keyfî û Hacî Qadirê Koyî bînin ber çavê xwe, têkilî û dorûberê Hacî Qadir li Stenbolê, heman demê tê wateya têkilî û dorûberê Keyfî jî. Ew jî dide nîşandan ku wê demê têkilîya van herdû şaîran bi rewşenbîr, giragir û malbatên pêşhatî yên Kurdistanê re hebûye. Em dizanin ku Hacî Qadir bi xwe, wê demê mamostetîya zarokên Bedirxanîyan kirîye. Ew yekemîn şairê Soranî ye ku di helbestên wî de temaya netewetîyê gelek aşkere û bi awayekî xurt hatîye honandin. Lêbelê di dema wan de, rojname û kovarên peryodîk ên kurdan hîn dest bi weşanê nekiribûn. Sala ku cerîdeya *Kurdistan*ê bi berpirsyarîya Mîthed Mîqdad Bedirxan dest bi weşanê dike, Hecî Qadir jî diçe ser dilovanîya xwe û rehma Xwedê dike.

---

[63] Aso Zagrosî, j.b.

[64] *Koyê le Rewtî Şaristanîyet da (Nûsîn û lêkolînewew bidiwadaçûnî), r.* 285

[65] Hacî Qadirê Koyî, *Dîwan*, r. 81, 128, http://www.nefel.com/epirtuk/pdf/haci_qadire_koyi_diwan_02.pdf?NR:79

Dîroka mirina Keyfî bi zelalî ne dîyar e, li ser vê babetê nêrînên ciyawaz hene; di lêkolîna bi navê *Koyê le Rewtî Şaristanîyet da,* dîroka mirina Keyfî, wekî sala 1882 hatîye dîyarkirin. Li gorî hin agahdarîyên din jî Keyfî di sala 1883yan de li Stenbolê çûye ser dilovanîya xwe. Em dizanin ku nivîsa wî ya dawî, di hejmara 1383. a rojnameya *Tercûmanî Heqîqet* de, di stuna "Edebîyat"ê de bi sernivîsa "*Ne yapayim! Şaîr olamiyorum [Çi bikim! Nikarim bibim şaîr]*", di roja 13yê Rebîyûlaxir a 1300î [22yê Kanûna Sanî 1883 yê Mîladî] de hatîye belavkirin. Berîya dîroka weşandina nivîsê, mirina wî nemimkun e. Ji ber vê yekê, îhtimala herî mezin ew e ku di dawîya salên 1883 yan jî hîn bi derengî çûye ser dilovanîya xwe. Mehmed Mîhrî Hîlav dibêje: Keyfî û Xeyalî li Awrupayê wefat kirine.[66] Lêbelê dîroka wefatkirina wan dîyar nekirîye.

Yekemîn nivîsa Keyfî, di hejmara 545. a rojnameya Tercûmanî Heqîqet (T.H.) de, bi sernivîsa *"Îstîfade Nîyetîyle Îfade"* di 26 Rebîyûlaxir a 1297an û [7ê Nîsana 1880ê yê Mîladî] de hatîye belavkirin. Wekî ku li jorê hate dîyarkirin, nivîsa wî ya dawî jî di hejmara 1383. a TH de hatîya belavkirin. Ji dîroka belavkirina nivîsên wî dîyar dibe ku nêzîkî sê salan di rojnameya TH de nivisandîye.

Ji nimûneyên wisa dîyar dibe ku di berîya derketina weşanên kurdan de jî, nivîsên rewşenbîrên kurd di rojname û kovarên osmanî, ermenî, arnawidî û wd. de jî hatine çapkirin. Li vê derê, bi giranî em dê li ser nivîsên Abdurehman Nacîm û Keyfî yên di nav rûpelên rojnameya *Tercûmanî Heqîqet* de çapbûyî rawestin.

Hetanî vê gavê, em tenê di nav rûpelên rojnameya *Tercûmanî Heqîqet* de rastî nivîsên Keyfî hatine. Dema em bala xwe bidin şopa qelem û edîbekî wisa xurt, mimkun e ku wî qîma xwe tenê bi karê hiqûqê û bi vê rojnameya hanê neanîbe, di hin weşanên din de jî nivîsandibe. Ev mijar divê bi balkêşî

---

[66] Seîd Veroj, *Mehmed Mîhrî Hîlav û Kovara Kurdistan,* Weşanên Weqfa Beşîkçî, Stenbol, 2015, r. 204

bête şopandin. Nivîsên Keyfî di nav rûpelên rojnameya *Tercûmanî Heqîqet* de, bi navê Keyfî û musteara "K-Y" hatine belavkirin.

Dema em li naveroka nivîsên Keyfî binêrin; ji nivîsên wî dîyar dibe ku ew rexnigirekî girîng ê wê demê ye, tenê li ser edebîyatê nenivisandîye, herweha tevlî gengeşeyên li ser "belagat-î osmanî" û "belagat-î erebî" jî bûye û li ser *sarf ve nahwa Erebî* nivisandîye. Keyfî; li ser cografya û matematîkê nivîsandîye, helbest nivîsîne û herweha helbest û xazeleke şair Kurdî bi tevî tercûmeya wê[67] rêkirîye rojnameya *Tercûmanî Heqîqet*, di hejmara 1375an de jî li ser peyva "Nuance" ya fransizî û têkilîya wê ya bi kurdî re rawestiyaye. Ji van nivîsîn û gengeşeyan dîyar dibe ku wî, bi zimanê kurdî, osmanî û erebî baş zanîye û nivisîye. Ew, di nivîsa xwe ya navborî de dibêje: "Ez rêzimana sirûştî û eslî ya kurdî zanim"

11. 1. Bersiva Mr. Trotter ê Konsolosê Brîtanya

Wekî ku li jorê hate gotin, yekemîn nivîsa Keyfî, di hejmara 545. a rojnameya *Tercûmanî Heqîqet* de, bi sernavê "Îstîfade Nîyetîyle Îfade" di 26 Rebîyûlaxir a 1297an û [7ê Nîsana 1880an ê Mîladî] de hatîye belavkirin. Keyfî, di hejmara 969. a T.H. de, bi çend nivîsên têr û tije yên balkêş bersiva daxuyanîyên Konsolosê Brîtanyayê daye.

Keyfî di destpêka nivîsa xwe de dibêje:

"Mr. Trotter ê Konsolosê Brîtanya yê Diyarbekirê, li ser Kurdistanê nivîsek belavkirîye û bê tefekûr têde gotîye edebîyata kurdî "nîn" e. Di rastîyê de li kutibxaneyan, gelek eserên edebîyata kurdî hene; li vê derê ez dê xazelekî kurdî yê sade û herî kêmhûner, wekî "*mukadîmeyek redkirina*" tehqîqatên wî, bi tevlî tercûmeya wê ya turkî ji bo rojnameya we rêkim. Hûn dê bibînin ku gotin û agahdarîyên wî çiqas dûrî rastîyê ne.

---

67 bn. *Tercüman-i Hakikat, Gazel,* no: 969, s. 2, 13 Eylül 1881, no: 974, s. 3, 19 Eylül 1881

Xazela Kurdî

1- Kuwa darayî zer girte kemerçîn kûlme gulnarî

Kilawxwar, çaw xumar, şîrîn xal miske Tatarî.

Tercûmeya wê:

Ey evîndara min a sorhinarokî, fistan sirrmeyî, kemer qatqatî, saqo qumaşî!

Ey evîndara min a kofîxwar, çavmexmûr û şanênên wê mîsalê miskê Tatarîstanê!

2- Ke Manî hate ser kêşan ebrûwî tû le paş çawit

Le mestî destî we lexezî ke keç hat xatî pir karî.

Tercûmeya wê:

Wexta ku Manî teswîra çavên te yên mexmûr çêkir û hat ku birûyên te bikêşe,

Ji ber ku serxoşî sîrayetê wî bûbû, destê wî ewqas dilerizî ku xetê pergelê xwar kêşandin.

3- Muneccîm gûşeî çawî ke dît nûsî le teqwîm da

Ke emsal zû zenbê talî' bûwe efsadeê asarî.

Tercûmeya wê:

Wexta ku mûnnecîm; kenarê çavên wê dîtin di teqwîma xwe de,

nivîsand got îsal stêrka bidûv hilhatîye, ev jî nîşanê tevlihevî ye.

4- Etoş teqlîdî zûlfî yar dekî wa dîyare ey eqreb

Heya her wa le çaw da her çi to bikî kiwêre muxtarî.

Tercûmeya wê:

Ey aqreb weha dîyar e ku tu teqlîdê zûlfên yarê dikî!

Ez bêjim çi hey nabîna, her çi dixwazî bike bi şertê ku şerm û heya li ber çavê te be.

5- Eger to rast delî bo qatil dil, nîyet edî bo çî

Dirûzen tîrê mûjganit be xor xwîn dî le sûfarî.

Tercûmeya wê:

Ger ku tu rast bibêjî, yê min dilbirîn kirîye ne tu bî, ma ev çi ye?

Ey evîndara min a xapînok, xwîna reş zû diherike ji birûyên te yên wek tîra kemanê.

6- Gul emro xoy muqabil kird be ruxsaret le layî xelqî

Belê herdêm dero we herze gûn mehbûbî bazarî.

Tercûmeya wê:

Gulê, îro li nik xelkê xwe muqabilê ruxsarê xwe kir,

Belê çavên di bazarê de wek lewçe ne û daîm dêman diçirînin.

7- Wekû fewwarey xwên detekî le goşeê mîhwerê gerdûn

Le dûrê çawekanî to le çawem hinde xwên barî.

Tercûmeya wê:

Dema ji çavên te yên mexmûr dûr dimînin, ji çavên min ên xemgîn ewqas xwîn dibare ku anûka weka fîskeyê di koşeyê mîhwera gerdûnê de xwîn difûre.

8- Le çar şit qet meke umîd le çar kes "Kurdî" ta demirî

Le xot aqil we le dil sebir we le bext îmdad le yar yarî.

Tercûmeya wê:

Ey "Kurdî" ta mirinê ji çar kes û çar şit (tişt) qet neke umîd;

Yanî bi cîheta eşqê ji xwe aqil, ji dil sebir, ji bext îmdad û ji yara xwe yarîtî nepê."[68]

Keyfî ji bo serrastkirin û îkmalkirina bersîva Konsolosê Brîtanyayê, bi navê "Cevabname-î Manzûm", nivîseke din bi

[68] Keyfî, *Gazel*, *Tercüman-i Hakikat* gazetesi, no: 969, s. 2, 13 Eylül 1881

hêvîya çapkirinê rêdike îdareya *Tercûmanî Heqîqet* û xazela li jêrê bi tevlî tercumeya wê tête çapkirin.

"Cevabnam-î Manzum

Be şew û be neşwem nişte bêm xecil
Dim şadî di sed ender wazeî dil
    Watem namanî hergiz ha çîşen
    Leb berde we çîş nameî new pîşen
Netarîkî xetê manaş mec û şa
Çûn abî heyatê dil xas xas nûşa
    Ax qûwe-î zemîn derunim gum bî
    Bû le kî sufteê sir rayê xem bî
Wer ne o şew nîm çû ser û mûşt
Meşya be gerdaş û rewdeê bihîşt
    Ferma bêt îse çemîn camî cem
    Pasîce nîn tû dîn û çesim
Tervê kala keş alatir bîn
Sed keyan û bo lê balatir nîn
    Arî ta pê û men rû men çûn şew
    Şewqen bê xendeê subhê cebheê o
Ta were ê derdê dilê men şanen
Zerîfet turreê o dane danen
    Na sûfte ê qamet ê men û sime û şen
    Ebrûyê o maîl û kamankeşen
Namen diwê sufteyê çiştem nesrîn
Celayê ayineê o zîyatirîn
    Hay çîştê waten û rehmet şad bî
    Mer o sakim bî este zîyad bî

Er cîh zamê dil men nekat mekerd
Mezanatê o zat o wasif bêkerd
    Ew naz û ew qews û ew xedeng
    Bîn hin mebû têkîlan çi reng
Haleş dise mil û îstiqbalîn
Îstîqbal çinî haleş yekmalin
    Barî dil û xiştê wêranê ewan
    Hiqqet û desten nedârî tawan
Dilê tifl wazîz her rû nîşanî
Her sat xedengî her dem nîşanî
    Ka çûn stare ê tarîkî seher
    Ka qemer ka xwer mey û menzer
Destê Şîrînîş mawer û ew yad
Ferhadê le taq ferqegehê Ferhad
    Xalû pê celal erkarê sazî şen
    Wade ê tecellayê tîr endazişen
Bismillah o tîr pur peyda busteş
Endîşaneê dil sed car şikesteş
    Çûn renge ger wazim naze damanim
    O mez yû dem gûne zamanim
Zam ê ten û tîr belaş ziyatir
Rayê îmşewê dil û laşe ziyatir.

-Tercûmeya Cevabnameyê-

Di alema eşqê de wekî bêhempayek bi xembarî rûniştî bûm, ecêb e! kêfxweşîya ku hîç nebûbû qismet ji nişkê ve derîyê kela min vekir.

Min got: Tu hîç nedihatî bi alî min ve, çi bû ku tu hatî! Ew keniya, got: şikayetnameya te hatîye bihîstin.

Her çiqas xetên zulmet ên nameya te, wateyên biçoş ên naveroka wê wekî ava heyatê kezeba min hênik kir jî, tu fayde neda

Hinava min bûye wekî bargirê xwelîya mihnetdaran û xemxûran, şiyana jîyanê nemaye.

Eger weha nebûya, dê wekî şebnema tîr a serê kanîyê bi rehmeta zirav û beraketa xwe di bexçeya bihûştê de bibûya nimûneyek.

Çawa ku te ferman kirîye ew cewherê wekî nîşana rindîya ayîneyê camê cem û cîhanê, ne mînanê rindîya nû ya can û şohret û mezinayîya wê ya berê!

Xwedêgiravî nûha ji bo derbaskirina hesreta dilan û nîvçavpêkevtinek wê bejna rind û herî bilind, xwe ji canfedayîyê nade paş.

Belê ew roja min a ku bi zulmeta (tarîtîya) dûrketinê bûye ronahî ta ku wekî şevtarîyê dilşikestî be, helbet ew tîj û ronahîya enîya te ya wek fereca sibê dê bibe ronahîya rojê.

Belê ev dilê min ê ku bi tîra hîcranê parçe parçe bûye, ta ku di şûna birekê derdê eşqê de wekî şe bête dîtin, ew gulîyên porê te yê tîmsalê cemala te, dê wekî dudilî û bêsebiriya min rastî şanekî (navdarîyek) zarîf û perîşanî bên.

Belê qameta min a zirav wekî kevanê bi cazîbeya eşqê xwar bûye, mûyên birûyên evîndara min bûne wekî têlên kemankêşan.

Belê, belê. Ev wicûda te ya agir pêketî çiqas dûd-î endud be, aw û ayîne jî ew qas diberiqe.

Ax... We gotîye çi! Çi difikirin! Hîç wisa dibe? Di wê rindîya cîhanî û ew canê cewher de delalî gav bi gav zêdetir bibe, ku aliyek nûqsan bimîne hezar mixabin!

Ger we birînên dilê min bidîta, we dê bidîta ku ew zat, ew sifet, ew naz, ew keman, ew peykan di wê gavê de bimirîya, dimire û dê bimire.

We dît ku dema niho bi awayekî pêt bi dahatû ve girêdayî ye, dahatû jî ji bihûrîyê ve nayê veqetandin.

Hetanî dereceyekê şikandina dilê ku ji ber ecelê bi xerca xerab hatîye çêkirin û bûye warê xeman, mimkun e wek heqek bête hesêbkirin.

Ez her gav tifaleke nûr li dest û safdil im, ew nazenîna min a bêînsaf her gav dibe şanek, her lehze dibe peykanek û her deqîqe dibe nîşanek.

Geh wekî heyvê, geh wekî roja beriqî, geh wekî stêrka dahî ya ferecê xuya dike.

Ew Xusrev; evîndara wê Şîrîn, di îcrakirina sinetê de destê xwe yê bi meharet, Ferhad jî di seraya Bîstûnê de ferqê Ferhadbûna xwe bi bîr tîne.

Xalxalokê min! Eger anûha seyadê bêmîsal dixwaze bi eşqa îzharê celal tîrên xwe bavêje, va ye tîrên wê yên perîşan, bila bi bismîlahê bavêje.

Bila bi dilê xwe li hedefê bixe, ew tenê ku bi hezar caran qûl kirîye.

Çi wext ku dawa min ji xwîna birînên taze sor bû, ji hesreta wê devê birînên kevnare av digrin.

Yara min; di wicudê min de çiqas birînan vede, di dilê min ê bi hesreta xakpayên wê de ew qas rê vedibin."[69]

---

[69] Keyfî, *Cevabnam-î Manzûm, Tercüman-î Hakikat* gazetesi, no: 974, s. 3, 19 Eylül 1881

11.2. Nivîsên wî yên di nav rûpelên rojnameya *Tercûmanî Haqîqet* de

Çawa ku li ser jîyana wî ya giştî agahdarîyên me gelek kêm in; herweha li ser nivîskarîya wî jî agahdarîyên berfireh li ber destê me nînin an jî min nikarî bigîjim wan agahdarîyan. Ji ber vê yekê, vê gavê me qîma xwe tenê bi nivîsên wî yên di nav rûpelên rojnameya *Tercûmanî Haqîqet* de anîye. Lewra hetanî nûha em tenê rastê nivîsên wî yên nav rûpelên rojnameya navborî hatine. Bi îhtimaleke mezin merivekî wisa xwedî zanîneke berfireh û entellektuel, qîma xwe tenê bi van meqaleyên rojnameyê neanîye. Pêşerojê keys çêbe, li ser wî agahdarîyên nû derkevin meydanê, bêguman dê lêkolîn û xebatên taybet li ser wî bêne çêkirin. Ji nivîsên wî yên di nav *Tercûmanî Heqîqet* de xuya dibe ku wî; bi kêmanî zimanê kurdî, erebî, fransizî û osmanî zanîye. Di nav rûpelên vê rojnameyê de, meqele-nivîsên wî yên li ser gelek babetên cihê cihê hatine belavkirin û li ser hinek babetan jî bi nivîskarên din re ketîye nav polemîkan û rexneyên dijwar li wan girtine. Ji nivîsên rojnameyê dîyar dibe ku Ahmed Mîdhadê sernivîskarê rojnameyê bi xwe jî carina tevlî van polemîkan bûye û di hejmara 545 a rojnameyê de bi sernivîsa "*Bîr Numune-î Tenkît*" de, piştgirî dide rexneyên Keyfî û dibêje: "Nivîsa ku bi îmzeya Keyfî hatîye belavkirin, xeletîyên berhema H. Begefendî anîye ziman; negotîye ev berhem baş e yan xirab e, li ser şexsê wî jî tiştekî negotîye. Ji ber vê yekê, divê rexneyên wî wek nimûneyeke baş bêne qebûlkirin."[70]

Meqele û helbestên wî yên di rojnameyê de gelek caran bêserlewhe û di stunên beşên wekî "Edebîyat", "Mevadd-i Fenniye", "Varaka" de bi îmzeya "K(ef)-Y" hatine belavkirin. Nivîskarê Ermen Artîn Musdemciyan ê ku wê demê xwende-

---

[70] Neşe Demirci, *Tercüman-ı Hakikat gazetesi (1- 1500. sayılar), İnceleme ve seçilmiş metinler*, Sivas, Yüksek Lisans Tezi, [Rojnameya *Tercûman-î Heqîqet (hejmarên: 1- 1500), Lêkolîn û metnên bijarte,* Teza Lîsansa Bilind], Sivas Ocak 2012, r. 206

karê Mekteb-î Hiqûqî Şahane ye, li ser nasnameya wî dibêje: "Ew zatê ku di nav rûpelên rojnameya *Tercûmanî Heqîqet* de berdewamî bi mustearê "K(ef)-Y" dinivisîne, navê wî yê rastîn Keyfî ye û ew herdu tîp jî kurteya navê wî yê mustear e."[71] Ji vê agahdarî dîyar dibe ku Artîn, Keyfî nas dike û herweha di nivîsa xwe ya stuna "Mevdd-i Fennîye" ya hejmara 917yan de, ji ber polemîka di navbera wî û Keyfî de dibêje: "Keyfî heqeret li min kirîye."[72] Li ser vê polemîkê, di hejmara 919yan de jî, bi sernivîsa "*Turkçe Bîlmez*", nivîsa xwendekarekî bi navê Îdris hatîye belavkirin û di naveroka nivîsa xwe de piştgirî dide Keyfî."[73]

Neşe Demircî di lêkolîna xwe ya li ser rojnameya *Tercûmanî Heqîqet* de, nav û naveroka hinek nivîsên Keyfî weha anîye ziman:

"- Keyfî (K-Y): *Fenn-î Nahvden Bir Meselenin Halli*, *Tercüman-ı Hakikat* (T. H.), no. 526, r. 3.

- Keyfî: *İstifade Niyetiyle İfade, Tercüman-ı Hakikat* (T. H.), no: 545, r. 3-4. Ev nivîs, di stuna "Edebiyatê" de hatîye belavkirin û di naverokê de rexne li Rebî-i Marifet a Ebûzziya Tevfik hatîye girtin.

- Keyfî: *İmla Meselesi Hakkında,* T. H., no: 785, r. 3. (Ev nivîs, di stuna "Mevadd-i Fennîye" de bê lêkirina sernivîsê hatîye belavkirin. Di naverokê de hinek qaîde û mîsalên li ser Kavaîd-î Osmanî hatine nîşandan.

- Keyfî: *Bir Mesele-î Riyaziye*, T. H., no: 787, r. 3. Ev nivîs li ser Riyazatê [Matematîkê] ye û di stuna "Mevadd-i Fennîye" de hatîye belavkirin.

- Keyfî: *Hazine-i Evrak Hakkında*, T.H., no: 865, r. 2. Ev nivîs, di stuna "Varaka" de bêserlewhe hatîye lêkirin û di

[71] Neşe Demirci, J. b., r. 243-44

[72] Neşe Demirci, J. b., r. 244

[73] Neşe Demirci, J. b., r. 303

naverokê de balê dikşîne li ser xelet nivîsandina sernivîsa mecmuaya *Hazîne-î Evrak.*

- Keyfî: *İdris Salim'in yazısına cevaben*, T. H., no: 869, r. 2. Ev nivîs jî bêserlewhe hatîye nivîsandin û bersiva nivîsa Îdris Selîm dide ku di hejmara 868. a T. H. de hatibû belavkirin.

- Keyfî: *Tashihat*, T. H., no: 901, r. 2-3. Di naveroka vê nivîsê de rexne li berhema *Telhîs-î Sarf ve Nahv-î Arabî* ya Ahmed Hamdî hatîye girtin û hinek xeletîyên wê hatine sererastkirin.

- Keyfî: *Ağız Satmak*, T. H., no: 914, r. 3. Ev nivîs di stuna "Mevadd-i Fennîye" de hatîye belavkirin û di naveroka wê de bersiva rexneyên Artîn Mûsdemîcyan dide ku nivîsa wî di hejmara 912. a T. H. hatibû belavkirin.

- Keyfî: Ev nivîs, bêserlewhe hatîye lêkirin û di naverokê de îtiraza qaîdeyêk "*Mecelle-î celîle*" dike. T. H., no: 909, r. 3.

- Keyfî: Nivîseke tewr balkêş a nivîskar jî di hejmara 969. a T. H. de hatîye weşandin. Ev nivîs, xazeleke helbestvan Kurdî ye û pêre jî tercumeya wê ya turkî hatîye nivîsandin û di stuna "Edebîyat"ê de bêserlewhe hatîye belavkirin. Di naveroka nivîsê de bersiva Mr. Trotterê konsolosê Brîtanya yê Kurdistanê dide ku di daxuyanîya xwe de gotibû; kultura kurdan pir lawaz e û edebiyata wan jî nîne."

- Keyfî: Di hejmara 974. a rojnameyê de jî bi serlewheya *Tercûme-î Cevabname*, di stuna "Edebîyat"ê de berdewamîya bersiva Trotter dide.

- Keyfî: Nivîsa wî ya bi navê "*Hareket-î Arz*", di stûna "Mewadd-i Fennîye" ya hejmara 1356. a T. H de hatîye belavkirin û di naveroka wê de behsa erdhejê dike."[74]

- Keyfî: Di hejmara 1375. de "*Li ser tercumeya peyva Nu-*

---

[74] Neşe Demirci, J. b., r. 310, 311, 312

ance" nivîseke bêserlewhe di stuna "Mevadd-î Fennîye" de nivisîye. Ev nivîs, bersiva nivîsa Mehmud Celaledîn e; wî di nivîsa xwe de pêşniyar kiribû ku di şûna peyva "çeşît" de peyva "nuance"ya fransizî bête bikaranîn. Keyfî jî di şuna "nuanca"yê de, peyva kurdî ya "gûn" pêşniyar dike û ji vê yekê dîyar dibe ku wî, bi zimanê fransizî û kurdî baş zanîye.

- Keyfî: Di hejmara 1383yemîn a T. H. de, nivîsa wî ya bi navê "*Tarîh-î Arz*" di stuna "Edebiyat"ê de hatîye belavkirin û di naverokê de dibêje "Çi bikim, ez nikarim bibim şair!"

Digel van nivîsan, wergerên wî jî di nav rûpelên rojnameyê de hatine belavkirin. Mînak; Di stuna "Varaka" de, bi sernavê "Cografya-yî Beşerî" di hejmarên 1372, 1373, 1374 rojmameyê de sê nivîs li pey hev hatine neşirkirin.[75]

Ji nivîsên wî yên di nav van stunan de dîyar dibe ku ew; bi xwe edîb, rexnegir şarezayê serf û nahwa arebî û heman demê werger bûye.

[75] Bn. T. H., no: 1372, 1373, 1374

Beşa duyem

1. Berhemên Abdurehman Nacîm

A. Nacimî bi navên Mewlanbegzade Abdurehman Nacîm Efendî, Nacîm Efendî, Abdurehman Nacîm, Muddeîumumî-î wîlayet-î Hûdevendîgar Abdurehman, Abdurehman Nacîm Efendî, Sabik Hûdavendîgar Mudeîumumîsî Nacîm Efendî gelek meqale û pirtûk nivisîne. A. Nacîm nivîskarekî pirzimanî bû; wî bi zimanê erebî, farisî û osmanî berhemên manzûm û mensûr nivisîne. Ew dem nivîsandina bi van zimanan di rewacê de bû. Şairên me yên navdar Fuzûlî, Nalî, Mistefa Beg (Kurdî) û wd. jî bi zimanê erebî û farisî nivisandine. “Ji ber ku nivîskar, edîb û alimên navdar ên kurdan berhemên xwe yên nemir ne bi zimanê kurdî, bi zimanên bîyanî yên din nivisandine, axaftvan û milletên ku van zimanan dipeyvin, ew berhemên giranbiha wek şaheserên ziman û edebîyata xwe qebûl kirine û xweyîtiya wan kirin.”[76]

Ji nivîs û berhemên A. Nacîm dîyar dibe ku ew heman demî muqtedîrê edebîyat, belegat û gramera erebî, farisî û omanî jî bûye. Hinek nivîs û meqeleyên wî didin nîşandan ku ew li ser edîb, edebiyat û perwerdeya kurdî jî xwedî zanîneke berfireh û kûr bûye. Hetanî îro berhemên wî yên bi zimanê kurdî nehatine dîtin, lêbelê di nivîsên wî de hinek cumle û hevokên kurdî wek mînak hatine nivîsandin. Ev jî didin xuyakirin ku bi kurdî zanîn û xwendina wî bêguman e. Di vê babetê

[76] Muhammed Emin Zeki Beg, *Kürtler ve Kürdistan Tarihi,* Nubihar Yayınları. 4. Baskı, İstanbul, r. 307

de Alî Birincî jî dibêje: “Ew muqtedîrê axaftina kurdî bû.”[77]

Pirranîya berhemên wî ji alîyê ÎBB ve hatine dijîtalîzekirin û kopîyên wan ên dijîtal, di Kutibxanaya Ataturk a li Taksîmê de têne parastin û li ser malpera înternet a kutibxaneyê jî têne daxistin. Berhemên wî, li gorî dîroka xwe ya neşirkirinê li jêrê hatine rêzkirin.

1. 1. Defter-î Kutibxane-yî Damad Îbrahîm Paşa

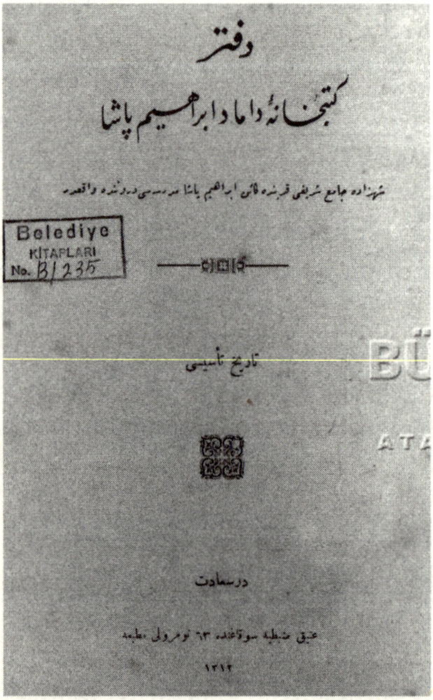
دفتر
کتبخانهٔ داماد ابراهیم پاشا

تاریخ تأسیسی
درسعادت
۱۳۱۲

Çapa yekemîn a vê pirtûkê, çapa kevirî ye û di meha Şabana sala 1279 [10ê Sibata 1863] de ji alîyê çapxaneya Evkaf-î Îslamîye ve hatîye çapkirin û 64 rûpel e. Paşê ev pirtûk sala1312an ji nû ve hatîye çapkirin û di vê çapê de hejmara rûpelên wê 87 in. Ev pirtûk, çavkanîyeke se-

---

[77] Ali Birinci, *Tarih Gölgesinde Meşahir-i Meçhûleden Birkaç Zat*, Dergah Yayınları, Stenbol, 2001, r. 287

reke ya pirtûkxaneyên dema osmanî ye. Ev kutibxaneya ku deftera wê çêbûye, di nav medreseya Îbrahîm Paşa de û li nêzîkê Mizgefta Şêxzade bû. Di muqadîmeya pirtûkê de dibêje: "Her çi hîkmet e ku hetanî îro defterê kitêbên kutibxaneyên li Stenbol, bi awayekî pêdivî nehatine çapkirin. Ji bo ku li ser mulkê berhemên Hezretî Padîşah Abdulhemîd Xan Efendî yê dilxwazê zanîn û perwedeyê, berhemeke nû ya xweşik zêde bibe û asanî ji erbabên zanîn û xwendinê re çê bibe, kitêbên mewcud ên pirtûkxaneya Îbrahîm Paşa di vê defterê de hatine nivîsandin û ji alîyê Wezareta Mearîf a celîleyê ve jî hatiye çapkirin."[78]

1. 2. Teshîlût Tahsîl

Ev pirtûka piçûk di 24 Zîlhicceya sala 1281ê [20ê Gulana 1865an] de hatîye çapkirin, naveroka wê li ser sentaksê ye û 24 rûpel e. Dema ku ev pirtûk hatîye nivîsandin, ew, mifetîşê kutibxaneyan bû.[79]

1. 3.Defter-î Kütübhane-yî Ragip Paşa

Yekemîn çapa *Defterê Kutibxaneya Ragip Paşa*, di 23yê Çirîya Pêşîn a sala 1868an de yanî piştî vegera wî ya ji Parîsê (1867), di çapxaneya Takvîmhane-yî Amîre de pêk hatiye û 80 rûpel e.[80] Çapa duyemîn, di sala 1310an de çêbûye û li ser hev 176 rûpel e. Di muqadîmeya vê pirtûkê de jî dibêje: "Ji bo ku li ser mulkê berhemên Hezretî Padişah Abdulhemîd Xan Efendî yê dilxwazê zanîn û perwedeyê, berhemeke nû ya xweşik zêde bibe û asanî ji erbabên zanîn û xwendinê re çê bibe, kitêbên mewcud ên pirtûkxaneya Îbrahîm Paşa di vê defterê de hatine nivîsandin û ji alîyê

[78] Abdurrahman Nacîm, *Defter-î Kütübhane-yî Damad Îbrahîm Paşa*, Stenbol, 1312, r. 2

[79] Ali Birinci, *Tarih Gölgesinde Meşahir-i Meçhûleden Birkaç Zat*, r. 289

[80] Ali Birinci, *Tarih Gölgesinde Meşahir-i Meçhûleden Birkaç Zat*, r. 292

Wezareta Mearîf a celîleyê ve jî hatîye çapkirin."[81]

Di destpêka pirtûkê de dibêje: "Ciyê kutibxanaya merhum Sadrzama Ragip Paşa li ser caddeya Koska ye û lîsteya pirtûkên di nav defterê de weha hatiye rêzkirin:

Musahıf-î Şerîflerî

1- Mushaf-î Şerîf	9 nûsxe	erebî
2- Îbrahîm Hattiyla "ahar"	19 nûsxe	erebî
3- Cûzek ji K. Kerîm (Kufi)	5 nûsxe	erebî

Kitabên Tecvîd ve Kiraat

4- Îthafû'l Beşer (Ahmed Dimyatî)	27 nûsxe erebî
5-Îqna'fîlqiraatîs-seba (Ebu Cafer)	19 nûsx erebî
6- Tehzîbû'l Qiraet (Saçaklizâde)	21 nûsx erebî
7- Şerûş-Şatîbîye (Alîyû'l Kaşî)	25 nûsx erebî
8- Şerhû'î Muqaddîme (Alîyû'l Kaşî)	6 nûsxe erebî

[81] Abdurrahman Nacîm, *Defter-î Kütübhane-yî Ragip Paşa*, Stenbol, 1310, r. 2

Kitabên Pîroz ên Tefsîrê

9- Îtqan fî Ulumîl -Quran(Suyut Talîk) 15 nûsxe erebî

10- Esbabûn-Nûzul (Vahîdî) 21 nûsxe erebî

11- Esrarû't Tenzîl (Îmam Faxreddîn) 23 nûsxe erebî

12- Sual ve Cevaplarî (M. b. Ebubekir Talîk) 27 nûsxe turkî

13- Îşaretû'l Îlahîye (Necmedin El-Bağdadî) 23 nûsxe erebî."[82]

1. 4. Safvetûl-Kelam

صفوة الكلام

بسم الله الرحمن الرحيم * بسم الله الرحمن الرحيم

الحمد لله الذي خلق الانسان * انسانی بالجمله علم ولسانی تحصیله
وجعله قابلا لتحصیل العلم * قابل اولق اوزره یاراتمش اولان
واللسان والصلوة والسلام علی * جناب خالق لم یزل حضرتلرینه
سیدنا محمد الذی اعظم معجزاته * عرض تحمیدات لایقه وفرقان
القرآن وعلی آله وصحبه الذین * جلیل اعظم معجزاتی اولق اوزره
فازوا بادراك المعانی * بارگاه حضرت محمدیدن
البدیعة والبیان (وبعد) * کلندو منه تنزیل اولنان
فلما کان فی عصر حضرة سلطاننا * فخر کائنات وخلاصهٔ موجودات
الاعظم وولی نعمتنا المعظم * افندمزك درگاه معلالرینه
الذی دعاء بقاء سلطنته * رفع تسلیمات فائقه وادراك
واجب علینا وعلی سائر الامم * معانی بدیع وبیان ایله فائز وممتاز
اعنی به السلطان ابن السلطان * اولان آل واصحاب کرام
السلطان (عبد العزیز خان) * حضراتنه اتحاف تحیات رائقه
خلد الله ملکه وسلطنته الی آخر * اولندقدنصکره بو وجهله بسط
الدوران السعی والهمة * مقال اولنور که اوزرمزه

[82] Abdurrahman Nacîm, *Defter-î Kütübhane-yî Ragip Paşa*, Stenbol, 1310, r. 2-3

Ev pirtûk, pirtûkeke dersdanê ye û ji bo dibistanên Rûştiye hatîye amadekirin. Pirtûk di 15yê Kanûna Ewel a sala 1869an de bi emrê Nazirê Mearîf Safet Paşa, di Çapxaneya Amîre de hatîye çapkirin û ji 48 rûpelan pêk hatîye.[83]

Di nivîsa destpêka vê pirtûkê de behsa mûcîzeyên Qurana kerîm û hîkmeta Xwedayê mezin dike û dibêje: "Cenabê Heq, însan wisa xuliqandîye ku dikare tehsîla hemû îlim û lîsanan bike."[84] Di berdewamîya nivîsê de pesnê Sultan Abdulhemîd Xan dide û dibêje wî, ji bo pêşketina îlim û mearîfetê gelek xîret û xebat kirîye, bi sayeya fikir û zanîna wî, ewladên weten bûne xwedîyê exlaqê baş, hînê fen û îlmên mifedar bûne.

Li ser kêrhatin û naveroka pirtûka xwe jî weha dibêje: "Ji bo ku xwendevanên mektebên rûşdîyeyê çavpêketîyên zimanê erebî bibin, di vê xusûsê de melekeyên wan bi pêşbikevin û bibin xwedîyê exlaqekî baş, ev rîsaleya bi navê *Safvetûl-Kelam* hatîye amadekirin."[85] Eslê vê rîsaleyê bi erebî hatîye nivîsandin û ji alîyê Mehmed Nûzhet ve ji bo zimanê osmanî hatîye wergerandin.

1. 5. Hûvîyet-î Subhanî ve Mahîyyet-î Însanîye dair Eserê Risaledir

Ev pirtûka wî, di sala 1296an de li Stenbolê wek destnivîsa çapa kevirî hatîye belavkirin û ji 8 rûpelan pêk tê. Di naveroka wê de xazeleke nivîskar û şerha wê hatîye kirin.

Nivîskar vê berhema xwe wek rîsaleyek bi nav dike û di destpêkê de dibêje: "Ew zatên ku bi yekîtîya Xwedê bawer dikin, dema bi xelkê re sohbetê dikin Xwedê îhmal dikin..."[86] Di berdewamîya nivîsa destpêkê de ji bo nîşandana rêya xelasîyê,

---

[83] Ali Birinci, *Tarih Gölgesinde Meşahir-i Meçhûleden Birkaç Zat*, r. 289

[84] Abdurrahman Nacîm, *Safvetûl-Kelam*, Stenbol, 1869, r. 1

[85] Abdurrahman Nacîm, *Safvetûl-Kelam*, Stenbol, 1869, r. 2

[86] Abdurrahman Nacîm, *Hûviyet-î Sûbhanî ve Mahiyyet-î İnsaniye*, Stenbol, 1396

ayetekê bi bîr tîne û dibêje: “Fes’slû ehlez-zîkrî înkûtûm la-ta’lemûn (Tiştên ku hûn nizanin ji ehlê îlmê hîn bibin.)[87] Di dawîyê de jî dibêje: “Hûz mîn’el bahr’l-lûalî ve mîne’el-erdîz zeheb/ Ve îqbelî’l hîkmete mîmmen qaleha ya ze’l soheb”. (Hey kesê esilzade! Ji behrê încîyan û ji erdê jî zêran berhev bike/ Hîkmetê jî, ji xwedîyê hîkmetê bigre).[88]

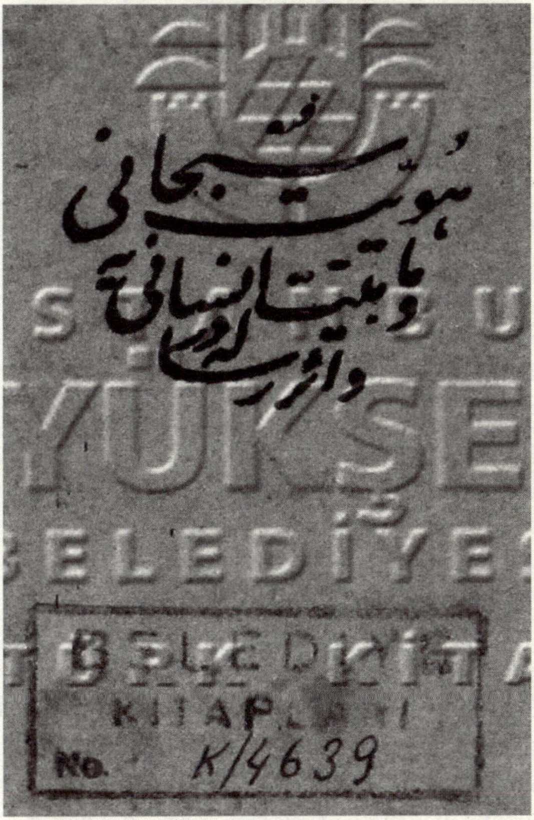

[87] Abdurrahman Nacîm, J. b.

[88] Abdurrahman Nacîm, J. b.

1. 6. Rahnameyî Dîyarbekir

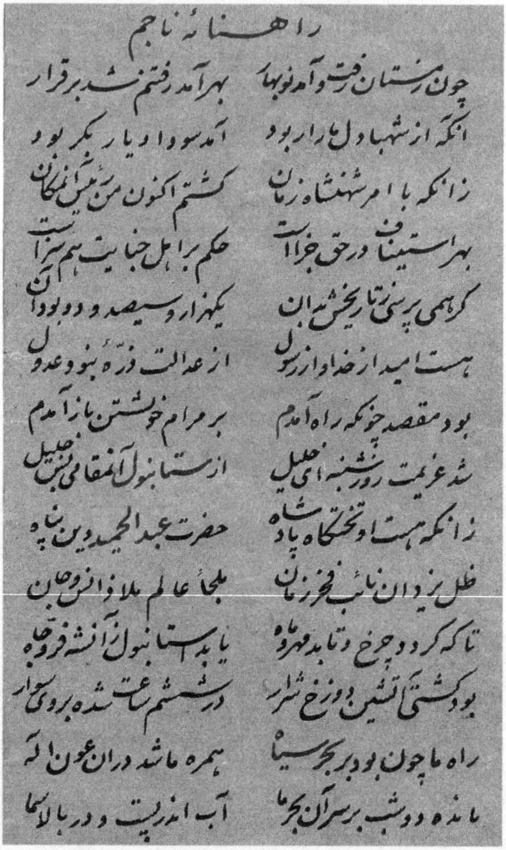
راهنامهٔ ناجم

چون زمستان رفت و آمد نوبهار / بهر آمد رفتنم شد برقرار

انکه از شهباد دل ما را بود / آمد سودا و یار ربکر بود

زانکه با امر شهنشاه زمان / گشتم اکنون من پیش نمکان

بهر استیناف در حق جزاات / حکم بر اهل جنایت هم سزاست

گر همی پرسی تاریخش بدان / یکهزار و سیصد و دو بود آن

هست امید از خدا و از رسول / از عدالت ذره بنود عدول

بود مقصد چونکه راه آمدم / بر مرام خویشتن باز آمدم

شد عزیمت روز شنبه ای خلیل / از ستانبول آن مقامی بس جلیل

زانکه هست او تختگاه پادشاه / حضرت عبد الحمید دین پناه

ظل یزدان نایب فخر زمان / ملجأ عالم بلا و انس و جان

تا که گردد چرخ و تابد مهر و ماه / یابد استانبول از آن نشه فر و جاه

بود کشتی آتشین دوزخ شرار / در سه شنبه ساعت شد بر وی سوار

راه ما چون بود بر بحر سیاه / همره ما شد در آن عون اله

مانده دو شب بر سر آن بحر ما / آب اندر زیت و در بالا سما

Ev berhema piçûk a A. Nacîm, berîya pirtûka wî ya "*Gulzar-î Asar*" hatîye nivîsandin û destnivîsa wî jî li ber destê me heye. Di destnivîsê de wek "*Rahnameyî Nacîm*" hatîye binavkirin. Lêbelê heman berhem, bi hinek cûdayîyên pir piçûk, wek pêvekekê di pirtûka "*Gulzar-î Asar*" de jî hatîye çapkirin. A. Nacîm vê rahnameya xwe, bi zimanê farisî nivîsîye. Wî bi zimanê farisî û arebî baş zanibûye û bi farisîyek xurt, bi helbestî û bi qalibek arûzî, bi edebîyateke bilind anîye ziman. Herweha bi wesîleyên cihê cihê di gelek ciyên *Rahnameyê* de pesnê Padîşah Abdulhemîd dide û dibêje: "Stenbol, ku meqamekî pirr mezin e. Ji ber ku textgeha Padîşah Abdulhemîd e, ku parêzgerê dîn e. Siha Xuda ye, îftixara dewran e, penahgeha alemê ye, pêsenkê cin û însana ye. Heta ku dinya hebe, roj û hîv rohnî bide, Stenbol ji wî şeref û bilindayî digre."[89]

Nivîskar vê berhema xwe di şiklê mesnewî de nivisîye:

------------ a ------------ a

------------ b ------------ b

------------ c ------------ c

------------ d ------------ d

Yanî di farisîya wê de misreyên her beytek di nava xwe de qafîye girtîye. Çawa ku li jor xuya ye; qalibê vê mesnewîya hanê ev e: Faîlatûn Fâîlâtûn Fâîlûn.

A. Nacîm, "bi wezîfeya reîstîya Mehkemeya Îstinafê di 12yê Sermaweza 1882yan de ji Stenbolê tayînê Diyarbekir bûye û di 10ê Sermaweza sala1885an de li vê derê mewqîya wî bilind dibe ji bo reîstîya Mehkemeya Bîdayetê [Asliyeyê]. Wî di jîyana memûrtîya xwe de, dema herî dirêj li bajarê Diyarbekirê kar kirîye."[90] Dema tayînê Diyarbekir dibe, ji Stenbolê ve hetanî Diyarbekirê di rê de çi tiştên ku dîtine û derbas kirine, bi zimanekî edebî yê xurt anîye ziman. Di vê rêwîtîyê de, her cî û warê bînvedan û rawestandinê ku ji nav derbas bûne û li wir bûne mêvan, navê wan deran bi qelema rengê sor hatîye nivisîn. Di wergerê de, me navê wan deran bi rengê reş dîyar kirîye. Di vê rahnameyê de bi her firsetî hezkirin û heyranîya xwe ya ji bo Diyarbekirê anîye ziman.

Dema ku A. Nacîm wek reîsê Daîreya Ceza ya Mehkemeya Îstinaf a Dîyarbekir tête tayînkirin, gelek kêfxweş û dilşad dibe, bi heyecan û bêsebrî çûyina ji bo Dîyarbekirê dipê. Di

---

89 Mudde-i Umumi serveri Abdurrahman Nacim, destnivîsa *Rahnameyî Diyarbekir,* 27ê Nîsana 1885, r. 2

90 Ali Birinci, *Tarih Gölgesinde Meşahir-i Meçhûleden Birkaç Zat*, r. 288

vê navberê de gelek caran Dîyarbekir tê xewna wî. Ew, vê heyecan û bêtebatîya xwe, di *Rahnameya Dîyarbekir/ Rahnameya Nacîm* de weha tîne ziman: "Dema ku zivistan çû û bihar hat, qerar ev bû; dê biçim Diyarbekir yanî Amed. Ew tiştê ku di gelek şevan de dilê min wan dîtî bû, Ameda reş Diyarbekir bû...."[91] "Roja duşenbe dozdeyê meha Receb, pazdeh ji meha Nîsanê bêzehmet û eziyet. Gihîştim Dîyarbekir bi kêf û xweşî, ev nezma me jî gihîşte paşî."[92]

Wî, dema tewr dirêj a wezîfeya xwe ya fermî li bajarê Amedê derbas kirîye, bi rêvebir, minewer û şairên Amedê re têkilîyên wî yên germ û geş çêbûne. Wî dema ku li Xarpêtê jî kar kirîye, carina serdana Amedê û dostên xwe yên li Amedê kirîye. Ji ber van têkilîyên gurr û germ, wî, bi munasebeta mirina şair Ahmed Xeyalî, hevokên herikbar ên li jêrê teqdîm kirine û bi hesaba ebcedê dîroka mirina şaîr jî daye dîyarkirin:

"Eyledim hayli tahayyül âlemi ey ehli hal

Hadisin her ferdini gördüm hayal ender hayal

Söyledim Nacîm, Hayali eyledik de irtiyal

Oldu tarihi vefatı "ha Hayali ha hayal"[93]

Alî Emîrî di pirtûka xwe ya bi navê *Tezkîre-î Şuaara-yî Amed* de, tenê ev hevokên wî yên li ser Ahmed Xeyalî negihandîye me, herweha wêneyekê wî yê pir hêja û yekane jî gihandîye roja me, ku di wêneyê de panzdeh kesayetî hene. Nivîskar li ser ciyê kişandin û dîroka wêneyê hewa dibêje: "Ev wêne li Diyarbekir, sal û nîvek berîya wefata Xeyalî Efendî yanî di Tebaxa sala 1301ê ya Rumî de (6 Eylûla 1885) de, di bexçeya koşka Kaws de hatîye kişandin ku li perava çemê Dîjleyê û di nav mesîreya çîyayê Qirqlarê de ye. Kesayetîyên di wêneyê de, bi reqamê ji rêzeya navîn û alîyê çep ve hatine nîşandan û di binê wêneyê de navê wan hatine nivîsandin.

---

[91] Abdurrahman Nacîm, destnivîsa *Rahnameya Dîyarbekir*, r. 1

[92] J. b., r. 12

[93] Alî Emîrî, *Tezkîre-î Şuaara-yî Amed*, Matbaayî Amedî, Stenbol, r. 319

1- Ahmed Xeyalî Efendî.

2- Alî Beg; walîyê kevn ê Trabzonê û rêvebirê berê yê Duyunî Umumîye. (Bi unwanê mifetîşê giştî yê Duyunî Umumîye, li Dîyarbekir kar kiribû).

3- Qazesker Mehmed Mekkî Beg; misteşarê kevn ê Mifetîşîya Ewqafî Humayun. (Bi unwanê naîbî şerî wîlayet, li Dîyarbekir kar kiribû).

4- Salih Paşa; walîyê kevn ê Musilê û azayê şuarayî dewlet ê berê. (Bi unwanê mifetîşîya Adilîyeyê, li Dîyarbekir kar kiribû).

5- **Abdurehman Nacîm Efendî; reîsê kevn ê Mahkemeya Îstinaf a Elazîzê.** (Bi unwanê reîsê Mahkeme ya Cezayê, li Dîyarbekir kar kiribû).

6- Terzî Mûrdîk Efendî.

7- Ji xalanê Xeyalî Efendî, Gulşenîzade Hecî Bekir Rewşen Efendî yê serkatibê tehrîrat ê Duyunî Umumîye.

8- Mîhran Ferîd Efendî yê sermifetîşê Wezareta Duyunî Umumîye ku wê demê hatibû Diyarbekirê.

9- Gulyar Efendî; mifetîşê kevn ê têlgrafa Diyarbekir.

10- Kandîla Efendî yê Beyrûdî; memûrê têlgrafa muxabere ya Dîyarbekirê bi zimanên ecnebî.

11- Husên Efendî; serkatibê kevn ê muhasebeya Duyunî Umumîyeya Diyarbekir.

12- Ahmed Cemîl Efendî yê Dîyarbekirî; muddeyî umumîyê kevn ê Mehkemeya Îstînaf a Sûriyê.

13- Hemdî Efendîyê Mûsilî; mifetîşê kevn ê adliyeya Diyarbekir.

14- Abdulhemîd Nîyazî Efendî; serokê şaredarîya Dîyarbekir ê kevn.

15- Fetullah Efendîyê Çizmecîyan; memûrê îcraya Diyarbikir û xwarziyê Kalîb Efendî yê xwedîyê rojnameya *Tarîk*."[94]

Wexta ku nivîskarê vê kitêbê Abdurehman Nacîm, wek serokê Mehkemeya Îstinafê neqlê Dîyarbekir bûye. Ji Stenbol heta ku tête Diyarbekirê, tiştên di rê de dîtine, bi vî mesnewîya hanê bi zimanê farisî anîye ziman û gotîye: Xuda Diyarbekir ji her afet û xirabiyê biparêze. Herweha wî, di dawîya pirtûka xwe ya bi navê *Türkçe Mantık Hulasası* [*Xulaseya Mentiqê bi Turkî*] de jî dilxwazî û hezkirina xwe ya ji bo Diyarbekirê anîye ziman û gotîye: "Xwedê wî bajarî ji afet, hîle û belayan biparêze."[95]

Rahnameya Diyarbekir

Dema ku zivistan çû û bihar hat, qerar ev bû;

dê biçim Diyarbekir yanî Amed.

Ew tiştê ku di gelek şevan de dilê min wan dîtî bû,

Ameda reş Diyarbekir bû.

Ji ber ku bi emrê şahînşahê zeman,

[94] Alî Emîrî, *Tezkîre-î Şuaara-yî Amed*, Matbaayî Amedî, Stenbol, r. 319-320

[95] Abdurrahman Nacîm, *Türkçe Mantık Hulasası*, Weşanxaneya Mahmut Bey, Stenbul, 1306 (1890)

ez li wê bûm serwerê Mehkemeya Îstinafê.
Ji bo Mehkemeya Îstinaf a cezayê,
hukimkirin li ser xweyîyê cînayetan heq e.
Eger tu dîroka wî dipirsî:
Yek hezar û sêsed û du bû (Hîcrî-1302).
Hêvîya min ji Xuda û pêxember;
ew e ku ji edaletê hîç cûda nebim.
Bi xwestina dilê min,
berê min kete Amedê.
Ey dost, roja şenbe ji **Stenbol**,
ku meqamekî pirr mezin e.
Ji ber ku textgeha Padîşah Abdulhemîd e,
ku parêzgerê dîn e.
Siha Xuda ye, îftixara dewran e,
penahgeha alemê ye, pêsenkê cin û însana ye.
Heta ku dinya hebe, roj û hîv rohnî bide,
Stenbol ji wî şeref û bilindayî digre.
Di saet şeşan de em li keştiyê siwar bûn
û agirê xwe yê dojehî vêxist.
Rêya me li ser **Deryaya Reş** bû,
hevalê me alîkarîya Xuda bû.
Em du şev li ser wê behrê man,
binî behr û jor asîman.
Ji bo rêwî tewekkûl lazim e,
ber dayina Xuda her dem lazim e.
Bi hemdê Xuda sehera roja duşenbê,
em gihiştin bajarê **Semsunê**.
Em li wê peya bûn,
ji wî cih û warê pirr memnûn bûn.

Em şevekê li wê bi xweşî man,
roja şenbê em ji wê cûda bûn (çûn).
Bi heft mecîdiyeyê me arebeyek kirê kir,
xweyîyê erebeyê navê wî Murad bû.
Ew muhacir bû û mirovek dîndar bû,
dilsaf û xuypaqij û emîn bû.
Di rê de du zatê namdar bûn heval,
herdu jî bînbaşî bûn.
Yek ji wan navê wî Selîm bû,
yê dî Tewfîq û mirovek helîm bû.
Ji ber ku her navek ji asîman tê xwarê,
me ji navê wan xelasî hêvî kir.
Navê wan bû delîla serkevtin û selametî,
Xudayê Hadî ji bo me bes e û qenc wekîl e.
Bi vê umidê, tirs û wesweseya me çû,
we rêya me bi terefê **Sîwasê** bû.
Wek dilê mirovê ber bi Xuda,
ev rêya me saf û sade bû.
Di vê rê de çavê me didît her zeman,
dar û gul û avên cûyan.
Gul û zîreat û çîmenên zêrîn,
bûne wek xalîçe û hezar kêf û kenîn.
Em di rê de şevek li **Çakallî** man,
di wexta sibehê beriya avêtina rojê.
Em ji xewa şîrîn zû şiyar bûn,
li wî cihê xweş heta seherê.
Em xweş raketin temamê şevê bi dilek ji dûrê xeman,
bê tirs û te'b û elem em ketin rê heman.
Em gihiştin **Amasya** bajarê namdar,

çi cihek dilkêş û xweş bû ew dîyar.
Gelek mizgeft û gelek avayîyên qedîm,
digel saetek pir mezin dihat dîtin.
Di nava bajar çemek pir cesûr,
der û dorên wî qesrên bêqisûr.
Walîyê wî bajarê zatek alî bû,
alîkarê rêya heq bû, gelek xweyî weqar bû.
Navê wê Rif'et Xelîl Paşa bû,
asefê dewran û wezîrek xweşxûy bû.
Ji nû ve jîyan dabû bajar,
ji bo rêwîyan rêya xelasî çêkiribû.
Ji bo çêkirina rêya mezin a bajar,
rast û çep gelek çîyan rakiribû.
Gelek pirên mezin ava kiribûn,
bang dida: "Werin va ye rêya rast."
Her dem difikirî ji bo karê çêtir,
ne ji bo menfaeta şexsî kar dikir.
Heta qiyametê xebata wî berdewam be,
li ser wezîr û walîyan hukûmran be.
Min çû dît zatê wî,
heyran mam ji eql û zekaya wî.
Em li wî bajarî şevekê razan,
bi derketina rojê dîsa ketin rêyan.
Di rê de xaneke hêja xuya kir,
ew jî yek eserê padîşahê bêmîsal bû.
Ruhê wî her dem bi rehmet şad be,
heta qiyametê navê wî bi qencî bimîne.
Rêya me rast bû, bênişib û firaz bû,
ev car cihê sekna me **Çengelboxaz** bû.

Em şevekê li wê man,
sibehê rêya me berdewam.
Rêya me bê eziyet û cefa dewam kir,
em gihiştin **Tokatê**.
Bajarek e di nava şînahîyan de,
bi der û dorê xwe di nav bax û baxçeyan de.
Baxçe û rezên wî ji daran xemilîne,
ji gul û gulzaran wek qesrên Çîn e.
Hadî Paşa di wî bajarî de bû,
bi dîtina wî dile me rohnî bû.
Ez û ew, dost û hogirê hev bûn,
di rêya Tunûsê de em heval bûn,
Ez li wê derê razam heta seherê,
paşê em rabûn me kir ezma seferê.
Di wexta mexrîbê de, bêzehmetî em gihîştin **Yenîxanê**.
Ez bûm mêhvanê rahibekî,
ku xweyî îkram, edeb û xweşhogir bû.
Sibeha wê şevê em ketin rê û çûn,
heta gihîştin **Sêwasê**.
Bi navê Mîr Ehmed Şewqî Efendî li wê zatek hebû,
bi dîtina wî em gelek kêfxweş bûn.
Ji me re gelek wefa û îltîfat nîşan da,
ji kerema xwe em dawet kirin, gelek memnun û dilxweş kirin.
Peyvên wî wek durr û cewheran bû,
birayê Fehmî Paşa bû.
Ev zat nûha Nazirê Edliyê ye,
temamê fikrên wî wek navê wî qenc in.
Em du şev li Sêwas man,

paşê bi tevî hevalan rê dewam kir.
Ucreta erebeyê li vê zêde bû,
ji Sêwasê heta Xarpûtê.
Her yek ji me hijde mecîdî,
dea ji bo Abdulhemîd Xan.
Ji lûtfa xwe ew Padîşah li her cihê memleket e,
bi sed hezaran rêyên mezin çêkiribûn.
Li her terefî hizur û emnîyet hebû,
her alî ava bû, her kes kêfxweş bû.
Sebebê her rastî rêya xeyrê bû,
Şah adil e, sewaba wî qat bi qat.
Ew serwerê hemû sultanan,
fexra wî li ser temamê pêxemberan.
Ew pêxemberê xwedîyê exlaqê mezin,
di heqê Noşîrewan de binêrin çi gotibû.
“Ez di zemanê şahekî adil de ji dayik bûme”,
Noşîrewan ji dinyayê çû, welê navê wî bi qencî ma û ma!
Milk û seltenet bi dîn û edalet dewam dike,
dua ji emîrûlmuminîn re bike.
Ev peyvan wek rêya mezin rast in,
kar û hikum her yê Şahînşah in.
Roja selteneta wî dê her dem ronahî bide,
sîya wî daîm li ser me be.
Eger sedeqet hebe xizmet tê kirin,
ji çewtîyê bi sedan afet çêdibin.
Ji behsa rastî û duristîyê gelek hat gotin,
di vî warî de me jî di rê de gelek tişt gotin.
Behsa edalet û rastîyê hîç naqede,
em dîsa werin mewzûya rêya xwe.

Ew roj bê ezîyet me rê dewam kir,
ku bû şev li **Delîktaşê** me îstirehet kir.
Ew şev em razan heta wexta seher,
paşê em rabûn me da qerara sefer.
Me rê dişopand û eskerên bihar,
sef bi sef di îstiqbala me bûn aşîkar.
Berf hindik mabû li ser çiyayan,
av diherikî bi ser gul û gulzaran.
Ji cûdayîya berfê çiya digirîn,
ji girîna çiyayan lalezar dikenîn.
Bi kêf û xweşî bê xem û keder,
di nav deşt û newalan de em rê diçûn ser ta ser.
Em diçûn û diçûn bi kêf û surûr,
dilê me tije bû ji erq û nûr.
Ji bayê nesîm û ji bihna nebat,
çi zewa û sefa bû, çi reng û heyat.
Heta ku gehîştin bi **Alaca Xan**,
ji bo raketinê, em şevekê li wê man.
Sibehê em ketin rê, rêya pir kevir,
gihiştin **Hekîm Xan**ê wexta êvar.
Cihek pir xweş û dilhebîn bû li wê,
xew û rehetîkî xweş me kir li wê.
Em bûn mêvan li mala Mehmûd Efendî,
zatekî mêhvanperwer û jîr û xwende bû.
Ew şev hat cem me yekî pir zana,
zana, jîr û bi xweş ziman bû.
Hişyar bû û dinya dîtibû,
gelek tecrûbeyan derbas kiribû.
Ji daîreya têlgirafê malnişîn bû,

navê wî Eflatûn bû.
Yek mudir jî li wê bû,
ew jî xwenda û jîr û zana bû.
Hîmmeta wî li ser sulh û aştî bû,
navê wî Evdila Efendî bû.
Ji ber ku em di rê de pir westiyabûn,
ew şev em xweş raketin.
Bû sibeh em ketin rê,
ku bû êvar em li **Hesenbitrîkê** man.
Li wê der xortek bi pey me ket,
Wê şevê me kir mêhvanê xwe.
Pir delal bû û navê wî Hisên bû,
Xuda wî ji çavan biparêze.
Ew xort bi mayina me gelek şad bû,
ku bû sibeh em dîsa ketin rê.
Rê mezin û întizam bûn,
lêbelê hinek cih nîvçe bûn.
Em di wan cih û rêyên xweş re diçûn,
deayên me ji bo padîşah bû.
Dema çavê me bi der û dor diket,
gund li pey gund xuya dikirin.
Her teref şên û ava bû,
edaleta padîşah li her cih xuya bû.
Di nav deştên pehn û fireh de çem in,
her gundek weha mezin wek bajar in.
Dilê me bi vî seyranê pir xweş bû,
em gihiştin **Meletiyê** şev bû.
Bajarek pir dilgîr û şîrîn e,
ji rez û bostan û gulan wek cenetê ye.

Pir in eywan û qesr û rewaq,
pir in qubeyên wek asîmanê heft qat.
Ji her teref av diherike,
bax û bexçe wek cenet in.
Li wê Şakir Paşa hebû,
ji ehlê keremê bû û muhterem bû.
Can û dilê me bi dîtina wî mesrur bû,
ji hûsn û cemala wî çavên me xweyî nûr bû.
Serok Îbrahîm Efendî me bi mêhvanî qebûl kir,
gelek hogirî nîşan da.
Ji pêşî ve dostanîya me hebû,
me dawetê mala xwe kir.
Heqîqeten heqê wefayê bi cih anî,
dostanîya temamî bi cih anî.
Sidq û rastî nîşan da,
pir îzzet û îkram nîşan da.
Ew şev ku hat wextê seher,
em rabûn rê bi ezma sefer.
Em gihiştin **çemê Murad**ê,
ava wî gelek pirr bû û bi tirs bû.
Em li kelekê siwar bûn,
bi rehetî derbasê alîyê dî bûn.
Li wê bi navê **Qadî Koyî** cihek hebû,
mirovên wî kurd bûn.
Li wî gundî alimekî pir binavûrûmet hebû û hecî bû,
gelek muteber bû û navê wî Hafiz Mihemed bû û ji ehlê hâl bû.
Ew şev em li wê razan,
û sibehê dîsa ketin rêyan.

Ji nêzbûna Amedê dilê me pir vebû,
can û beden û ruhê me şad bû.
Arzûya zû gihîştinê şewqa me zêde kir,
agirê eşq û mihebeta me zêde kir.
Wexta gihîştina yarê nêz bibe,
rehtî û westandin ji dilê aşiq dûr dibe.
Bihna bayê Amedê ye rehberê me,
bê eziyet xweş diçû ev rêya me.
Der û dorê me zevî ne, şînayî ne û çîmen,
em di nav de diçin pir bi kêf û ken.
Em gihîştin **Xarpêt**ê cihek bi navê **Mezrê** ye,
em li wê man û dîsa xweş bû cihê me.
Walî Hecî Hesen Beg,
bi navê Raîf Efendî kesek şandibû îstiqbala me.
Ew zat di mehkemê de serkatib bû,
ji her alî mirovekî zana û meşhûr bû.
Wî bi mihvandarî em dawetê mala xwe kirin,
ji bo zîyaretkirinê min pirsa walî jê kir.
Got: Anûha walî di nav mehkemê de ye,
wek amîyan di seyra mehkemê de ye.
Ji bo bibine hukmê edaletê,
ji ber ku roj rojên sultanê edaletê.
Ji bo zîyareta wî em çûn mehkemê,
me dît ku zêde bi qedr û qîmet e.
Me li wê derê Reîs Wehbî Efendî dît,
bi îlm û qanûn û zanîn me dît.
Hem jî Mehmûd Efendî,
ku hafizê Quranê bû me dît,
Dostekî berê bû,

digel Şerîf Rûşdî Efendî.
Ew Şerîf xweyî îlm û emel bû,
zana û xettatek pir xweş bû.
Serokê Belediyê hem zatek durist û zana û şîrînziman bû,
ji bo rêwîyan xizmetkar û mîhrîban bû.
Salih Beg ku muawînê serok bû,
bi zanayî me tevan dawet kiribû.
Mifetîşê marif ku navê wî Rûşdî bû,
ehlê hikmetê bû, xizmetkarê îlm û îrfanê bû.
Dostekî min yê berê bi navê Ensarî,
memûrê kadestro bû, me ew jî li wê dî.
Me demek bi hev re hevaltî kiribû,
hem sirr û hem kar û hem fikir bû.
Ev kes hemû xizmetkarê ehalî bûn,
di fermana wî padîşahê alî de bûn.
Walî hem hîmmet bilind bû zatê wî,
tev xuya bû cûmle û îcreatê wî.
Fikir û rey û îkrama wî qenc bû,
peyv û fiîlyatên wî qenc bû.
Ji bo me gelek îzzet û îkram nîşan da,
lûtf û xizmetek zêde nîşan da.
Em ji îltifat û xizmetên wî,
ji peyv û sohbet û îkramên wî gelek memnun bûn.
Me sê şevan li wê îstirehet kir,
sibehê rêya xwe berdewam kir.
Digel herdu hevalan Tewfîq û Selîm,
li hespan siwar bûn bi qelbekî selîm.
Rêya me gelek qenc û rast bû,
li serê çeman û pirên bêqisur bûn.

Li her terefî gund û bajar çêbûne,
zevî û çem û bexçe bûne.
Ava zelal diherikî ji her cihî,
bihar bû û her der çîmen û şînayî bû.
Ji ba û hewayê xweş,
wek gonceyê gulan dil dipişkivî.
Em di wan rê û cihên xweş de,
bê xem û derd dibihûrîn.
Ew roj her teref ronahî û xweşî bû,
ji bûkên biharê her cih tijî bû.
Li kenarê rê deryaçekî avzelal û saf û rûken,
derûdorên wê çiyayên xweş ên bilind û rûşen.
Navê wê **Golcik** bû yanî gola piçûk,
lêbelê pehn û dirêj bû wekî behrek.
Deşt û sehra teng hatibû ji bo wê,
dikelî hîdet û xezeb û pêlên wê.
Rê li xwe vekiribû li ser çemê Bexdadê,
yanî Dîjle ku diherike li bin Amedê.
Eger ev av ji vê deştê vala be,
dê gelek gund di cihê wê de ava be.
Li kenar avê hebû **Xanê Gêzîn**,
em ji hespan peya bûn ji bo bêhna xwe bidin.
Sînorê Amedê ji vir dest pê dikir,
eşq û şewq û kêfa me zêde dikir.
Ew şev em li wê man û îstirehet kir,
me bi şev çay vexwar û bînvedanê kir.
Me ji wê çayê gelek lezet girt,
kêfxweşî û zewq û gelek îzzet girt.

Em bi şev man li wê û xeweke xweş kir,
sibehê rabûn rê û me dilê xwe geş kir.
Rojê ku rohnî dida deşt û çîya,
wek çîyayê Tûr dibûn xerqê zîya.
Her teref xweş û tijî bû ji bêhna bihar,
li her teref av diherikî ji çeman û ji cûbaran.
Di wan rêyan de mirov pirr diçûn,
ji çûn û hatinê wek rêya Sêwas bûn.
Ew çem digel me dimeşîn,
serê çiyayan digehîşte asîmanan.
Di nava çîyan de ev rêya nûyîn,
çi qenc û xweş bû wek rêya hesin.
Li ser van çeman û pirên pirr qewî,
me dîtin gelek mehkûmên wek kevirên mermerî.
Gerçî li hinek ciyan ji ber lehîyan,
kevirên mezin ji çiya hatibûn xwarê.
Di wê rê de hem heywan û hem erebe,
bi rehetî karibûn derbas bin.
Dema Maden xuya kir,
me dîtina wî ji dil arzû kir.
Me berê xwe da nava **Maden**ê,
ji bo em saetek îstirehet bikin.
Min li wê derê kesek hêja û bi hezkirin dît,
ji Palo bû û xweşziman bû.
Navê wî Mihemed bû û exlaqê wî xweş bû,
xeber da serokê belediye.
Paşê Hecî Mihemed hat,
û ji bo me derê meclîsê vekir.

Tam di wê demê de serokê belediyê hat,
gelek xweşî û îltifat nîşan da.
Alîkarê serok jî hat,
navê wî Tewfîq bû û xweşxeber bû.
Katib û azayên meclîsê jî hatin,
hêja bûn û xweşsohbet bûn.
Piştî ku me hinek îstirehet kir,
ji Madenê ve hîna me berê xwe da **Erxenîyê**.
Dîsa dixwazim behsa Şahê Cîhan bikim,
medh û senayê zatê fexrê zeman bikim.
Ew xelîfe ye û Emîrûlmûmînîn e,
xweyîyê emr e û pêşewayê musilmana ye.
Navê wî Xan Abdulhemîd e û leqaba wî Xazî ye,
neseba wî sultanê Osmanî ye.
Rêya wî ya mezin rêya edaletê ye,
Xuda wî li ser her kesî şahînşah kirîye.
Ewsafê wî zatê mezin dawî lê nayê,
em tekrar bizivirin bi ser rêya xwe.
Li Erxenî em bûn mêhvanê Sidqî Paşa,
gelek heskirin û gelek qencî nîşan da.
Xanîyê wî bilind û xweş bû,
zatê wî mitewazî û pirr wefa bû.
Ew şev em di mala wî de razan,
pir xweş û latîf bû digel herkesan.
Di wexta limêjê ku em şiyar bûn,
ji bo rêya xwe bi lez û kar bûn.
Rêya me di nav deştek mezin bû,
gul û çîmen û zevî û şînayî pirr bû.

Li rast û çepê rê, zevî pir hêşîn bûn,
her teref rengareng gul û hêşînayî bû.
Li her cih û her derê zewq û sefakî hebû,
di her rû û her dilî de tam aştîyek hebû.
Dema em gihîştin ber **Dewe Gêçidî**yê,
qulubeyek nû min li wê dît.
Di hundirê wê de zabitek hebû navê wî Elî,
çawîşê zabit û rebta li ber wî derî.
Ji bo me gelek îkram û xizmet kir,
ew şev me li wê derê xew û îstirehet kir.
Paşê min rêya xwe dewam kir,
ew rêya xweş û mezin jî derbas kir.
Roja duşenbe dozdeyê meha Recebê,
pazdeh ji meha Nîsanê bê zehmet û eziyet.
Gihîştim Dîyarbekir bi kêf û xweşî,
ev nezma me jî gihîşte paşî.
Walîyê Amedê Semîh Paşa bû,
muşîrê esker bû, mirovekî hêja bû.
Bi şecaeta xwe nav dabû Dinyayê,
bi şûr û qelem bû, îftixara gişan.
Bi şûrê zorê dijmin re mirin bû,
qelema wî ji milk û dewletê re heyat bû.
Ji ber vê yekê vî zatê pak,
dijminê dîn û dewletê kî bûn, dida wan helak.
Her daîma vî asefê dewran,
ji bo dostên milk û millet dibû emn û eman.
Alîkarîya Xuda ku bûye hevalê min,
vî cihê pîroz bûye warê min.

Nacîm di nîmetên Xuda de xerq bû,
şukrê van nîmetan li ser min heq bû.
Min alîkarî xwest ji Xuda û Pêxember,
di destpêka xizmeta min li Diyarbekir.
Hêvîya min tewfîqa Xuda ye,
îmdada min Resûlê Kibriya ye.
Xizmetê min bigehîne qebûlê,
li ber Xuda û wî Padîşahî.
Menzûmeya min li vir bû temam,
navê wî "*Rahname*"ya rêwîyan.
Ji bo Sedirezam dibe hedîyeyek,
ku zatek hêja ye xweyî qîmet e.
Seîd Paşa ye bizane navê wî,
gihîşt milk û millet seadet ji wî.
Eger meqbûl bibe li ber sedrê xweyî kar,
ev "*Rahname*" beşê min e ji bo îftîxar.
Nacîm eger çi be nam û nîşan,
lûtfa sedr ji bo wî bilindî û şan e.
Eger li ser herîya min bike yek nezer,
ji tesîra wî tev dibe zîv û zêr.
Ez çi bêjim ewsafê wî Sedrê Ezam e,
ewsafê wî wek zatê wî hemû muhterem.
Ji kitaba hezretê Melayê Rûmî,
yanî Mewlana Celaleddînê Rûmî.
Ev gotina wî her dem di bîra min e,
"ku roj şahidê hebûna rojê ye".
Seadet û xweşî her wext hevalê wî be,
wek hîva çardeyî sedrê şahînşah be.

Wekîlê fexra zeman, sîya Xuda û Mecîd,
yanî xaqanê mezin Sultan Abdulhemîd.
Xudayê teala daîm bike heybeta wî,
Xuda alîkar be û bilind bike selteneta wî.
Gihîşte dawî û qedîya gotin û kelam,
li ser ruhê paqijê "Ehmed" selat û selam.

12 Receb 1302 (27ê Nîsana 1885)
15 Nîsana 1301 (27ê Nîsana 1885)"[96]
(Wergera ji farisî: **Ahmet Yalar)**

1. 7. Türkçe Mantık Hulasası [Xulaseya Mantiqê Bi Tirkî]

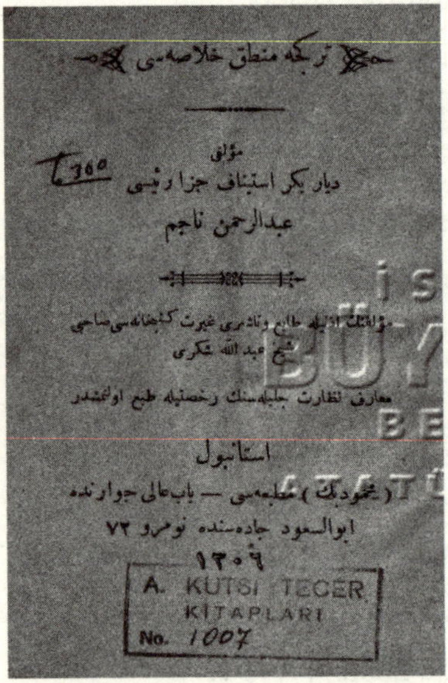
ترکجه منطق خلاصه‌سی
مؤلفی
دیاربکر استیناف جزا رئیسی
عبدالرحمن ناجم
مؤلفك اذنیله طابع وناشری غیرت کتبخانه‌سی صاحبی
شیخ عبدالله شکری
معارف نظارت جلیله‌سنك رخصتیله طبع اولنمشدر
استانبول
(محمودبك) مطبعه‌سی — بابعالی جوارنده
ابوالسعود جاده‌سنده نومرو ٧٢
١٣٠٦

[96] Mudde-i Umumi serveri Abdurrahman Nacim, destnivîsa *Rahnameyî Diyarbekir,* 27ê Nîsana 1885

Ev berhema wî jî wek rîsaleyeke ji bo dersê hatîye amadekirin, li ser hev 16 rûpel e û sala 1306ê li Stenbolê di çapxaneya Mahmud Beg de hatîye çapkirin. Li ser bergê pirtûkê hatîye nivîsandin ku: "Muellîfê wê: Abdurehman Nacîmê reîsê Mahkemeya Îstînaf a Diyarbekir e. Ev pirtûk bi destûra nivîskarê wê û rusxeta Wezareta Marîf a bilind ji alîyê Şêx Ehmed Şukrî yê xwedîyê Kutibxaneya Gayret ve hatîye çapkirin û belavkirin."[97] Di dawîya pirtûkê de dîyar e ku wek tarîxa xilaskirina nivîsandina wê, 11 Muharrema 1304 hatîye lêkirin û nivîskar dibêje: "Xwedê wî bajarî (Diyarbekirê) ji afet, hîle û belayan biparêze." Metna tirkî ya vê rîsaleyê, di beşê sêyemîn ê vê xebatê de bi temamî hatîye wergerandin û weşandin.

1. 8. Hedîyetû'l-Umem we Yenbuû'l Adab we 'l-Hîkem

Ev pirtûk, yekemîn berhema wî ye ku li dervayê Stenbolê hatîye çapkirin. Pirtûk, sala1308ê li Beyrûdê çap bûye û 584 rûpel e. Di naveroka pirtûkê de li ser mewzuyê wekî "îlim, aqil, edeb, hîkmet, belagat, fesahat, xett, kîtabet, şiîr, medh û heca" hatîye rawestandin. Piranîya pirtûkê ji nivîsên mûelîfên areban û birrê mayî ji nivîsên wî yên di şiklê nezm û nesrê de pêk hatîye.[98] A. Nacîm di nîvîsa xwe ya bi navê *"Arap edebîyatî ve Îslam sîyasetî [Edebîyata ereban û sîyaseta Îslamê]"* de, li ser vê pirtûka xwe dibêje: "Ev pirtûka min ji heşt cildan pêk hatîye û di cilda wê ya heştan de bi xulase li ser "Seltenet û Xîlafet"ê hatîye rawestandin. Ji bo menfeet û faydeya wê ya giştî, vî beşê wê teqdimê rojnameya *Tercûmanê Heqîqet* a bijarte dikim ku bête weşandin û belavkirin. Ez wehd dikim ku ji îro şûn ve, çiqas keys bibînin û wexta min çêbe ez dê nivîsên wesa kêrhatî pêşkêşê we bikim."[99]

---

[97] Abdurrahman Nacîm, *Türkçe Mantık Hulasası*, Matbaaya Mahmut Bey, Stenbol, 1306, r. 1

[98] Ali Birinci, *Tarih Gölgesinde Meşahir-i Meçhûleden Birkaç Zat*, Weşanên Dergah, Stenbol, 2001, r. 289

[99] Abdurrahman Nacîm, *Tercüman-ı Hakikat*, no: 967, 10 Eylül 1881

1.9. Gulzar-î Asar

Ev pirtûka nivîskar jî li dervayê Stenbolê, sala 1309ê (Nîsan 1892) li Beyrûdê hatîye çapkirin û li ser hev ji 272 rûpelan pêk tê. Di naveroka pirtûkê de gelek şiîrên nivîskarên areb, faris û osmanî hene û pirtûk jî bi sê zimanan hatîye nivîsandin. Di dawîya pirtûkê de jî seyhatnameya wî ya bi navê *Rahname-yî Diyarbekir* wek pêvek hatîye danîn.

Li ser bergê pêşî yê pirtûkê weha hatîye nivîsandin: "Nivîskar û berhevkar: Abdurrahman Nacîm ê Mudde-î Umum ê Wîlayeta Beyrûdê. Bi ruxsata Wezareta Giştî ya Perwerdeyê, Hiqûqa çapkirinê aîdê nivîskar e. Di Çapxaneya Edebîye ya Beyrudê de hatîye çapkirin. Sal: 1309 (1892)"[100]Di rûpelê pêşî yê pirtûkê de destnivîseke A. Nacîm heye û ji wê dîyar dibe ku ev pirtûk ji bo Sevgî Beg hatîye dîyarîkirin. "Ev mecmuaya "*Gulzarî Asar*, *Tahmîsî gazel Hazretî Mevlana* û *Rahnameyî Diyarbekir* ji mêvanê berêz ê komandanê cendirme yê Beyrûdê Mîralay Sevgî Beg Efendî re hatîye dîyarîkirin. (1309/1892)

Nivîskar û berhevkar:

Serwerê Mudde-î Umumî

Abdurrahman Nacim

Herwekî ku min di rêzikên pêşîyê de jî gotibû: pirtûka *Gulzarî Asar*, bi sê zimanan; erebî, farisî û osmanî hatîye nivîsandin.

A. Nacîm di nivîsa destpêkê de piştî ku hêvî, silav û selatên bêhejmar pêşkêşê Serwerê Kaînatê dike, efû û bexişandinê ji Xudayê mezin dixwaze û dibêje: "Bi navê Xudayê mezin û dilovan; hemd ji Xudayê mezin ê ku zimanê şairan wek mifteya sirrên hîkmetê û dilê edîban jî bi nûra marîfet û îlmê ronî dike û wekî di beyana mucîze ya hedîsa şerîf de hatîye gotin:

---

[100] Abdurrahman Nacîm, *Gulzarî Asar,* Çapxaneya Edebîyeya Beyrudê, 1309, r. 1

"înne mîneş'şi'rî le hikmeten" [Bêguman di hinek şiîran de hîkmet hene]. Bi vê gotina Serwerê Kaînatê (Hz. Pêxember), payeya şiîran bilind bûye. Nivîskar bi vî awayî piştî meram û sewkî kelam dike û dibêje: Bi tevî ku di şiîrên taîfeyên turk û ecem û qewmê ereb de xeylî hîkmet û mezîyet hene, lêbelê ji ber ku wekî mûrîyên manzûmeyên wan rijyayî, ji hev ketine û li erdê bi awayekî perakende belav bûne, rêya sûdwergirtina wan xetimîye. Ev berhemên hanê, li nik xelkê xwedî raxbet û xweşikîyê ne. Ji bo ku ev helbestên bijarte bêne parastin, min ew di meceleyekê de wek guldesteyek berhev kirin û navê *Gulzarî Asar* li wan kir û teqdîmê dîtin û şiroveyên edîban kir. Hêvî dikim Xudayê gewre ji bo berhevkirina edeb û hîkmetan rêya rast û qencîyê bexşê me bike."[101]

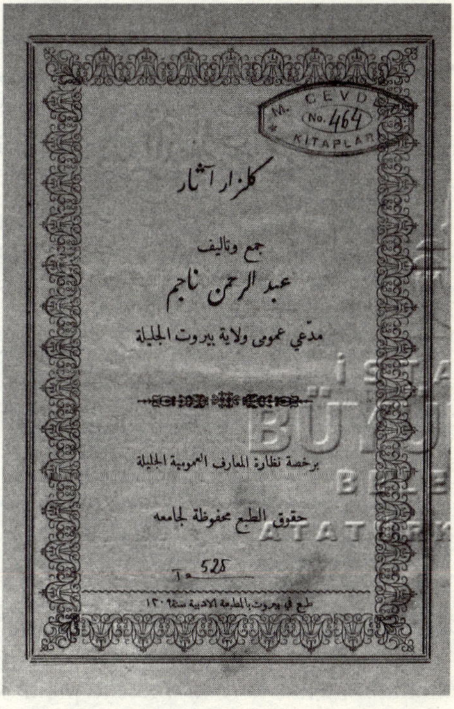

گلزار آثار
جمع وتاليف
عبد الرحمن ناجم
مدعي عمومي ولاية بيروت الجليلة
برخصة نظارة المعارف العمومية الجليلة
حقوق الطبع محفوظة لجامعه

طبع في بيروت بالمطبعة الادبية سنة ١٣٠٩

[101] Abdurrahman Nacîm, *Gulzarî Asar,* Çapxaneya Edebîye ya Beyrudê, 1309, r. 2

2. Dawî

Dawîyê em dikarin bi kurtayî bêjin ku Abdurehman Nacîm, yek ji danerê sîstema kutibxaneyên Stenbolê bû, membaya îlim û zanînê, xwedîyê kultureke dewlemend û berfireh bû. Ew bi nasnameya xwe ya nivîskarî, perwerdekarî, huqûqzanî, edîbî û şairî tête nasîn û herweha nivîskarekî pirrziman bû; ku wî bi zimanê erebî, farisî, turkî nivîsîye. Herweha "Ew muqtedîrê zimanê kurd bû" û li hinek ciyan rêzikên kurd jî di nav nivîsên xwe de darîştine. Lêbelê heta vê gavê berhemeke wî ya xwerû kurdî bi dest me neketîye.Di mudetê jîyaneke kurt de, gelek pirtûk û li ser babetên cûr bi cûr meqaleyên balkêş dîyarîyê me kirine. Ew, bavê rojnamevan û sîyasetmedarê navdar, xwedîyê rojnameya *Serbestî* Mewlanzade Rifat e.

Wî, hem di seha îlmîye û hem jî di seha mulkîyeyê de kar kirîye. Piştî ku A. Nacîm, derbasî mulkiyeyê dibe, bajarên wekî Diyarbekir û Xarpêt jî di nav de, bi wezîfeyên fermî li gelek deveran xebitîye. Sala1888ê, bi egera ku rîayetî hukmê qanunan nekirîye û li hemberî mesûlên xwe bêîtatî kirîye, demekê ji memûrîyetîya dewletê tête dûrxistin. Di encama tehqîqatê de, sala 1890î, dîsa di heman mewqîyê de vedigere ser karê xwe.

Xasleten bi nivîsên xwe yên li ser edebîyatê, ronahîyeke girîng daye dîroka edebîyatê. Hezar mixabin ku ew kanîya zanînê zû çikiya, ew, "23yê Hezîrana 1895ê, di 62 salîya xwe de li bajarê Elezîzê çûye ser dilovanîya xwe."

Min gelek hewl da ku ciyê gorê wî bizanim, mixabin bi ser neketim. Ev xebata ber destê we,122 sal piştî mirina wî hatîye amadekirin. Bi derengî be jî, yadkirin û bîranîna şexsiyetên wekî A. Nacîm, ji alîkî ve tê wateya tazekirina bîra me ya civakî û neteweyî. Bi hindikayî be jî, ger xebata ber destê we ji pêkhatina mexsedê re xizmeteke piçûk kiribe, gihiştîye armanca xwe.

Beşa Sêyem

1. Hinek nivîs û helbestên Abdurehman Nacîm û Keyfî di nav rûpelên *Tercûmanê Heqîqet* de

Ji xeynî pirtûk û pirtûkçeyên çapkirî yên A. Nacîm, tenê nivîsên wî yên di şiklê meqale, xazel û nazîre yên nav rojnameya *Tercûmanî Heqîqet* de hatine tesbîtkirin. Eger bi balkêşî li ser rojname û kovarên wê demê lêgerînên berfireh bêne kirin, mimkun e di hinek weşanên din de jî nivîsên wî derkevin meydanê. Entellektuel û zanyarekî demê; nivîskarekî pirrziman, pispor û dilxwazê pirtûk û pirtûkxaneyan, yek ji "edîbê esrê", hiqûqzan, perwerdekar û şairê wekî Abdurehman Nacîm bi îhtimaleke mezin berhemên zêdetir ji bo me hiştine. Ku hebin, lêgerîn û lêkolîna xebatên veşartî û mayî, bar û berpirsyarîyeke li ser pişta kesên dilxwaz e.

Zanîna me ya li ser Keyfî û xebatên wî yên nivîskarîyê jî gelek kêm e. Di vê xebatê de, tenê nivîsên wî yên di nav rûpelên rojnameya *Tercûmanî Heqîqet* de hatine berhevkirin. Bawer dikim lêkolînên li ser weşanên wê demê bêne berfirehkirin û şopa şairên wesa bêne gerandin, dê gelek agahdarîyên nû derkevin meydanê.

Di nav rûpelên rojnameya *Tercûmanî Heqîqet* de ji xeynî nivîsên A. Nacîm û Keyfî, hinek nivîsin din jî li ser kurd û Kurdistanê hatine belavkirin. Bi taybetî jî di naveroka nivîsên ku ji alîyê nivîskarê bi kurteya "**A. T.**" ve hatine nivîsîn; li ser têkilîyên kurd û ermenan, biryarên Îslehetê û di heqê propagandaya ermenan de ku di çapemenîya dewletên Awrupa û wd. de li ser kurdan dihate kirin, rawestiyaye. Hesen Zûhdî jî, bi nivîseke balkêş piştgirîya meqaleyên Keyfî û A. Nacîm dike ku ji bo rexnekirina konsolosê Brîtanyayê hatine nivîsandin. Di hinek nivîsan de jî, behsa tevgera 1880an û rengê wê yê sîyasî û têkilîyên bi Îranê re hatîye kirin. Digel vana, hinek nivîsên bêîmze jî hene ku mijara wan jî li ser rewşa wê demê ya Kurd û Kurdistanê ye.

1. 1. Kurdistan ve *İstanbul* gazetesi[102]

Geçen günler *Vakit* gazetesi *İstanbul* gazetesinin mütercimlerinden şikâyet ediyordu, hakkı varmış. Biz ise yazarlarından dahi şikâyet edeceğiz. Zira bahiste o kadar büyükçe tavırlar alıyorlar ki mukabillerinde bulunanları zımnen ve serahaten hafife alma ve hakaret derecesine varmayı adeta başarı sayarlar. Zannederiz ki okurlar arasında bu yoldaki sözleri beğenmeyenler beğenenlerden çok olur.

Geçen gün *İstanbul* gazetesi Abidin Bey'in Kurdistan ıslahatını yetersiz görerek Kürd beylerinin yalnız sürgün ile yetinilmemesini ve kanunen lazım gelen cezalara çarptırılmasını beyan eylediği sırada, biz bu ıslahat hususunda itidalin lüzumunu izah etmiştik. Bu izahatımıza dahi cevap veriyor.

Tuhaftır ki biz bir kavmin nüfus miktarı az olmakla mazlum olması lazım gelmeyeceğini söylemişken, refikimiz "Ermenilerin nüfusça azlığı mazlumiyetini gerektirecek bir hak mıdır?" diye yine bizim sözümüzü bize hitap ederek "dolayısıyla bunu *Tercüman-i Hakikat* dahi tasdik etmek istiyor" diye garip bir hükümde bulunuyor.

Hep şu yolda olarak mütalaası mevzu bahis olan meseleye bir ciddi fayda sağlamayacak bir takım lakırdıdan sonra refikimiz; asıl özel fikirleri olmak üzere bizim tavsiye ettiğimiz

---

[102] *Tercüman-i Hakikat*, no: 393, s. 2, 22 Şevval 1296-H/8 Teşrini Evvel 1879

itidali doğru görmeyip bu Kürd yağmacıları hakkında Bab-ı Âlî merhamet ve yumuşak davranmayı her hududun en ucuna kadar vardırdığı, yani pek ileriye vardığı için Kürdlerin Ermeniler hakkındaki mezalimine çare bulunmadığını açıklamak istiyor.

Eğer *İstanbul* gazetesi Kurdistan'ı ve Bab-ı Âlî'nin Kurdistan hakkındaki muamelatını iyi biliyor ise şu fikirde ısrar etmemesi ve âcizane mülahazamızı tasdik etmesi lazım gelir.

Bab-ı Âlî'nin Kürdler hakkında merhamet ve şefkati aşırılık derecesine vardırdığını biz biliyoruz. Bilakis o taraflar hakkında daima şiddet muamelesinde bulunulduğunu ve Kürdlerin hala silahlı bir kavim olarak varlığıyla eşkıyalıkta devamlarına dahi bu şiddet muamelesi ile sebebiyet gösterildiğini itikat etmek istiyoruz.

Bedirhan Bey meselesinde İsmail Paşa ıslahatına gelinceye kadar Kurdistan'da asker ile aşiretler arasında savaş eksilmemiş gibi bir şeydir. Para tahsili için bile ordu sevkediliyordu. Bu sebebe binaendir ki Kürdler devlete karşı koymak için ellerinde bulundurdukları silahla içinde bulundukları koşullar hasebiyle her zaman lüzum görerek yalnız Ermenileri değil, sair itaat eden Müslüman ahaliyi de vurmağa kadar kullanmakta idiler.

Biz Bab-ı Âlî'nin merhamet ve şefkat göstermesine de lüzum görmeyiz. Merhamet ve şefkat hiçbir zamanda siyasetle iştirak kabul edemez. Zulüm ne kadar fena ise, siyasette merhamet ve şefkat dahi hemen onun kadar fena bir şeydir.

Biz önceki bendimizde "itidal" tavsiye etmiştik. Fransızcası "indolzanis" olan şeyi değil, "modorasyon" olan şeyi tavsiye eyledik.

Bizim görüşümüz kabul olunursa biz Kurdistan'ın şu yolda ıslah etmek görüşünü sunarız:

Şiddette en ileriye giden eşkıya reislerini Abidin Bey'in sürgüne göndermesi, itidal üzere bir ceza ve haklarında bir ıslah demektir. Onları defeyledikten sonra, diğer reisleri toplamalı, bugün âlemin ahvali umumiyesini onlara çocuk okutur gibi anlatmalı, zira onlar yarı vahşi adamlardır. Hemşerileriyle rahatsız yaşamaları, Rumeli tarafında ne kadar facialara neden olduğunu tamamıyla anlatılmalıdır. Hatta köy yakıp yağmalamakta bulunduklarından dolayı şimdi sürgün edilen adamların kanunen idamları lazım gelirken cehalet hallerine mebni son defa olarak bu ıslah ile yetinildiğini ve bundan sonra ise işte kanun hükümlerini yüz yüze ve şifahen söyletip işittikleri cihetle haydutluğun cezası idam olacağını tamamıyla anlatmalıdır. Hatta Kürd kavmine mensup olan ulema veyahut talebeden kişileri memur ederek yapılan zulümlerin Allah'ın rızasının olmadığını ve bu konudaki dini ve şer'i ahkâmın vaaz suretiyle de tebliğ etmelidir. Ondan sonra jandarma durumunu muntazam olarak tesis ederek eşkıyalıkta bulunan olursa derhal cezai icraya sürat göstermelidir.

Yoksa *İstanbul* gazetesinin lüzum gösterdiği cihetle, şimdiye kadar hıyanette bulunanları şu an ceza vermeye kalkışmak ve bu konuda cüretli ve şiddetli tavır almak, Kurdistan ve Ermenistan "ıslahatı" değil, adeta bir Kurdistan ve Ermenistan "mukatelesi" [savaşı] derecesine varacağını onları iyice bilenlerin hiç birsi inkâr edemez. Bu ise Kürdler için de Ermeniler için de bilahare devlet için gayet zararlı bir şey olur.

O yerleri harita üzerinde temaşa etmemelidir efendim. Zahmet buyurup da oralara bir de seyahat etmelidir. Kürdler hala "Tanzimat-ı Cedide"den bile haberdar değildir. Nerede kaldı ki çağdaş adaletten haberleri olsun. Şimdiye kadar bunların ıslahatına yalnız silahla gayret olunup asıl "ıslah" lafzından anlaşılabilen surette müracaat olunmamıştır. Dolayısıyla mızrağımla cihanı sarsarım zannında bulunan böyle yarı vahşilerin iki yüz eli bin, üç yüz bin tanesi hakkında şiddetli muamelede bulunmak biraz güç olacağını, kendilerini görerek mülahaza etmelidir de işin kolayı varken zor olana gitmemelidir.

İmzasız

1. 2. Varaka: Kurdistan[103]

Kürd faziletperverlilerinden olup varlığıyla iftihar ettiğimiz bir zat tarafından aldığımız mektubun aynısıdır:

"Mal ve canlarını temin etmek üzere dar ve diyarlarını terk ederek Yüce Sultan'ın adalet ve himayesine sığınmış ve Osmanlılar sayesinde adamlar sırasına girmiş olan İstanbul Ermenilerinden bazılarının bir mümtaz mevki tutabilmek için Kurdistan'daki Ermeni komşularımızı alet etmekle tartı ve teraziye gelmeyen bir takım yalan iftiralarıyla göstermekte oldukları aşırı milli duyguların esiri olduğu ve bu ise hassasiyetlerine iftihar numunesi addedildiği cihetle buraları kendilerince tebrik olunacak meziyetlerden sayılırsa da, fakat Bulgaristan faciaları akabinde Ermenistan namıyla Kurdistan'da ıslahat laflarının işitilmesi ve bu fikirlerini desteklemek için bazı Avrupa gazeteleri ile karşı gazeteleri, Ermenilerin taşkın yalanlarına kapılarak Kürdler aleyhine körü körüne kalemlerini denemek gibi cahillik alçaklığını irtikâb edilmesi [kötü bir iş yapma], ürkütebilecek kötü tesadüflerden bulunduğu cihetle bizce fevkalade teessüf yeridir.

Muharrir Efendi!

Karşı gazetelerin bu günlerde tarafımızdan gösterilen müdafaaya mukavemet göstermeyerek işi mizaha dökmüş, bahis ve münazara meydanından kaçarak meseleyi anlaşılmaz duruma boğmuş oldukları halde bununla da yetinmeyerek insaniyet âleminde işitilmeyecek vadide sözü uzattıklarını, medeniyet namına binlerce arzı teessüf etsem yine vicdanımda peyda olan üzüntüyü hakkıyla yenemem.

Bununla birlikte biz yine edep dairesinden çıkmayarak hukukumuzu sözle, halle ve kalemle müdafaaya her an ve dakikada hazırız. Ermeni tarafgirliği tasarlayan gazetelerin bu konuda söylemekte oldukları delillerin başlıcası; Ermenilerin

---

[103] A. T., *Tercüman-i Hakikat*, no: 594, s. 2-3, 26 Cemaziyelahir 1297-H/ 5 Haziran 1880

haddi zatında eğitime liyakatleri varken Kürdlerin buna mani olduğu sorunudur. Gerçekten Avrupa gazeteleri tarafından Ermenilerin talepleri zımnında pek çok siyasi incelikler mevcut olup birincisi Bab-ı Âlî'nin üzerine müdahale kapılarını açmaktan ibaret olduğu cihetle Ermenileri bu taleplere sade bir gönülle sevinmelerine, hallerini görmemmiş olsaydım fevkalade garipsemiş olurdum.

Hülasa Kürdleri isti'dâd [kabiliyet, anlayışlılık] ve liyakat dairesi haricine çıkarmak ve Ermenileri yalın cevher unvanıyla somutlaştırmak gibi âlemde gülünç bir şey olduğunu Van Ermenilerine bile sorulsa tereddütsüz tasdik edeceklerinde şüphe yok iken Ermeni matbuatıyla bunlara peyrev olan [izinde giden] karşı gazeteleri bu deli vadiye bile bile mi düşüyorlar yoksa akılları mı ermiyor?

Acaba Ermenilerin ilerlemesine bizim Kürdlerin engellemesi ne gibi bir şeydir? Kurdistan'da Ermeniler okul yaptılar da Kürdler mi engel oldular? Veyahut başka bir suretle sanayi ve maarifin ilerlemesine çalıştılar da Kürdler mi engel oldular? Eğer bizim bildiğimiz Ermeniler, bin iki yüz seneden beri bizimle komşuluk eden Ermeniler ise, zerre kadar bu fikirlerde bulunmadıktan başka, komşuluk hukukuna hakkımızda riayeti dahi özel saygı ve hürmeti esirgemez.

Fakat ne yazık ki Kurdistan'la hiç alakası olmayan bazı Ermenilerin Kürdlere mutlaka vahşi mezalimi isnat ile biçare Ermenileri mazlum göstermek ve Kürdlerin ahvaline vakıf olanlarca malum işlerden olduğu gibi, Ermenilerin ilerlemeyi isteme arzuları bizlerden ne derecelerde aşağı olduğu, Ermenilerin ahvalini bilenlerce dahi gizli değildir.

Bu cümle ile beraber Ermenilerin ilerlemeye istidadını itiraf edipde Kürdleri ilerleme arzusundan mahrum tutmak ne kadar haksızlık olduğu Kürdler ve Kurdistan'ın ahvaline vakıf olanlarca malum işlerden olduğu gibi, Ermenilerin ilerlemeyi isteme arzuları bizlerden ne derecelerde aşağı olduğu, Ermenilerin ahvalini bilenlerce dahi gizli değildir.

Haymenişin olan [çadırda yaşayan] Kürd aşiretleri idaresinde bile fen ve maarifin kadri ve kıymeti meçhul olmayıp hayvanlarını otlatmak için daim surette seyyar oldukları halde, yine her obanın maiyetinde ücretli bir hoca ve bir de mektep çadırı vardır ki her nereye konsalar, derhal çadırlarla beraber mektep çadırı kuruluyor ve çocuklar o çadırda toplanıp her biri kabiliyetine göre hocasından ders alır. Bunu açıklamaktan murat o yolda olan tahsilin önemini büyütmeyip belki bir milletin ilerleme arzusunu somutlaştırmak için göze çarpacak bir misalin göstergesidir ki, ehemmiyeti hasebiyle buna bizden başka hiçbir milletin muvaffak olmadığını iftiharla söyleyebiliriz.

İşte Kürdlerin en cahilinde böyle bir ilerleme hissi mevcut olduğu ve Ermeniler ise bu konuda adeta cansızlar nev'inden bulunduğu halde, kendilerinde ne meziyet tahayyül ediyorlar ki kendi namlarına olarak teşkilat ve ıslahat icrası için Kürdlerin mezaliminden bahisle Avrupa'ya velvele veriyorlar. İlk başta dilleri yok ki konuşma vasıtası olsun.

Bir Ermeni, eğitim alabilmek için mutlaka başka bir dili öğrenmeye ihtiyaç duyar, hâlbuki küçüklüğünden beri Osmanlı Türkleri ile beraber iç içe oldukları ve son nefeslerine kadar devletin divan ve kalemlerinde ömürlerini tükettikleri halde, yine gerek takriri ifadelerinde ve gerek yazı işlerinde Ermenilik kokusunu kokladıklarını ve bu ise Ermenilerce yabancı bir dilin tahsilinde olan zorluğun derecesini göstermektedir.

Bizim dilimiz ise, fevkalade mükemmeliyeti ile beraber herhangi bir dili murat etsek kendi dilimiz gibi kolaylıkla öğrenebiliriz. Zira Arapçayı Araplar gibi, Farsçayı Şirazlılar gibi, Türkçeyi İstanbulluların konuşma şivesi üzere yazmak gücü bizde mevcut olup ibare düzgünlüğünde Kürdlük kokusu varsa o da tabiatın sağlamlığı, fikir güzelliği, konuşma kabiliyeti ve görüşlerin isabet ve doğruluğundan ibarettir.

Kendi dilimizin mükemmeliyetine delil ise, her bir kıtası

"Homeros", "Lamartin" ve "Wolter"in eserleriyle tartılacak divanlar dolusu edebi eserler ve seçkin şiirlerimizin varlığıdır ki, gerektirirse numune olarak çağdaşlarımızın bazı eserlerini tercüme ve takdim edebilirim ve bundan başka Arap Irakı, Halep ve Şam diyarının ekser yerlerinde Kürdçe, fen dili derecesini bularak Arap olsun Türk olsun Kürdçeyi bilmedikten sonra âlim olamaz, yüksek felsefede bir de öyle mükemmel adamlar bulunur ki "Wolter"ler mezarlarından kalksalar onlar ile ilahiyat felsefesi konusunda acizlik ve teslim olmaktan başka çare bulamazlar. Koyunlarını güderek hayalci şiirlerini belagat kumaşıyla süsleyen çobanlarımızın fikirleri bile o kadar naziktir ki Ermeni "oraturları" onların derecelerine varmak meziyetine haiz olabilseler, kendilerince bundan büyük medarı iftihar olamaz.

İşte hazır duruma göre bizimle Ermenilerin nispeti!

Bir kere geçmiş asırlara bakacak olursak ilk önce yeni bir şekilde Avrupa'ya medeniyet arzedenler arasında yine Kürdleri görüyoruz. Beyoğl'unda çıkan gazetelerin yazarları bu fıkramızı görecek olsalar şüphe yok ki kahkahaları koparacaklardır. Çünkü cehalet belası veyahut kör bir garazla hakikati görmekten tümüyle uzak kalmış oldukları hasebiyle, Avrupa'ya medeniyet arzetmekle Kürdler arasında tabii bir münasebet aldıramaz.

Fakat Mr. Sidello'nun 1854 miladi senesinde Paris'te basılan Arap tarihinin lütfen 221. sahifesine müracaat külfetine buyurulduğu takdirde, bizim bu konudaki doğru davamız göz önüne gelecektir.

Evet; tam bir asır içinde Avrupa kıravazatlarına yine keskin kılıç yiğitliğiyle mukabele eden Eyyubi emirlerinin Selahaddinleri ve Seyfüddinleri Avrupa'yı medeniyet yoluna sevketmekle bugünkü günde şahit olunan Avrupa'nın dünya saadetinin Kürdler sayesinde olduğu hususu Fransız tarihçilerinin imzası ve dilleriyle itirafta bulunmalarıyla doğrulanmıştır. Hatta İngiltere Başbakanı Mr. "Gladiston" hazretleri, bu birkaç sene zarfında Şark'ın durumuna dair irâd [verdiği] eylediği nutukların pek çoğunda Selahaddinleri medarı kelam [söz konusu] ederek Kürdlerin medeniyet âlemine ettikleri hizmetleri anarak bu necip milleti kemali tazimle, methetmeyi ihmal etmediğini belirtiyordu.

Kürdlerin fen ve edebiyata olan hizmetleri de bilinen işlerden olup eserleri kemali itina ile Avrupa encümen danişleri tarafından tercüme olunan Ebu'l Fida'larımız, Ebu'l Vefa'larımız olduğu gibi ilim ve faziletleri sayesinde Osmanlı yüce hilafetinin büyük mevkilerinde yer edinen Ebu'l Suud'larımız, mesela Gûranilerimiz vardır.

Acaba antoloji noktayı nazarından bakıldığı halde gerek siyaset ve gerek edebiyat âleminde medeniyetin ilerlemesi için hizmette bulunmuş ve Avrupa'nın eski veya yeni tarih sayfalarında o namla yadolunmuş bir Ermeni gösterilebilir mi?

Bununla birlikte Mr. "Gladiston"un siyasi toplantı salonlarında hizmetlerini takdir etmiş olduğu bir milletin sülalesini, Ermenilere feda etmeyeceği ve Kurdistan ıslahatınca yine Kürdlerin ıslah hali noktayı nazarından vazgeçemeyeceği ümitleri hatıra getirilse de, şayet bunun aksine göre hareket edilip işi imkân dairesi haricine çıkaracak olurlarsa o vakit dünya ve ahirette bunun mesuliyetini, müsebbiplerini [sebep olanların] üzerine atarak namusumuzla ölmeyi, yaşamağa tercih ederiz."

A. T.

1. 3. Varaka: Kurdistan[104]

Muharir efendi;

Havadis gazetesinin 4328 nolu nüshasında "Kürdler" unvanıyla yazılmış bir makalenin karşı gazeteleri tarafından tasvip ve takdir olunduğu nazarı teessüfümüze uğradı. Bu konuda esef beyan edişim; *Havadis*'in Kürdler aleyhine kalem idaresinden olmayıp belki öteden beri Osmanlı menfaatleri aleyhine en şerefli sayıfalarını açık tutmakta bulunan gazetelerin övgüye layık olacak surette bir makalenin neşrine, Osmanlı âleminde saç sakal ağartmış bir gazetenin teşebbüsü, arzularımızın tümüylen hilafında bulunduğu ve vicdanımızla dahi buraları temin edildiği halde bize karşı vicdanımızı mahcup ve mesul bırakmasından ne kadar teessüf edilse azdır.

Gazete yazarı iyi bilsin ki eğer o makalede zerre kadar Osmanlı menfaatleri muhafazakârlığı bulunmuş olsaydı, Fardu Bosfur ve Kurye Duryan tarafından alkışlanmazdı. Kurye Durya'nın ifade şivesiyle, adıgeçen makalenin içeriği yan yana konulup biraz derinlemesine bakılırsa şüphe yoktur ki ikisi de bir destegahın kumaşı olduğuna hüküm olunabilir. Çünkü ilk başta gazete, ne bizim ve ne de Ermeniler tarafından hüküm alınmamışken kendisine hüküm süzünü vermekte, Rus entrikası hükümiyatından başka ne mana verilebilir.

Hem de Kürdleri kuyruklu ve kıllı diye tahkir etmekte ne safa bulunur ki, insan yaratılışının üstünde öyle doğa dışı şeylerle sayfaları karalıyor. Gazetenin islahat için gösterdiği çareler ki Rusya ve İran'ın yardımından ibarettir. Eğer ki buna teşebbüs olunursa hem Kürdler ve hem de Ermeniler namını dünya haritasından mahf ve yok ettikten sonra, Ermenilerin Ermenistan diye tanımladıkları bölgeyi de Rusya'ya kaptırmış olacaklarını tekrar tekrar söyleyebilirim.

İşte *Havadis* gazetesinin girdiği yol, fitne ateşinin neticesi bundan ibaret olup bu dakikalar nazarı dikkate almaması dahi

---

[104] A. T., *Tercuman-i Hakikat*, no: 596, s. 2-3, 29 Cemaziyelahır 1297/ 8 Haziran 1880

başkaca şayanı teessüftür.

Havadis gazetesi; Kürdleri müthiş ve asi göstermek için Revanduzlu Mehmed Paşa ve Bedirhan Paşaların zamanlarını gösterip köyler yakıldığını ve mezalimin hüküm sürdüğünü ifade ediyor. Gazetenin olağandışı şeyleri yazmaktan hicap [utanç] etmemek kadar kabiliyete sahip olduğu gibi, cehalet güdüsü olarak mezalimi ve aşırılığı o zamanlara hasrediyor. Hâlbuki o zmanlarda Kurdistan'da adalet ve emniyet hükümler icra edip kimse kimseye zerre kadar zulmetmeye cûr'et şöyle dursun, emniyet va asayışın derecelerini tayin için amme yolları üzerinde para keseleri ile kıymetli eşya bırakılarak haftalarca, aylarca kimsenin dokunmağa cesaret edemediği bilcümle Kurdistan ahalisinin ve bilhassa eski Ermenilerin bunu tasdikte bulunmuşken, *Havadis* gazetesi yazarı böyle bir cehalet çıkmazına düşmekten utanmıyor? Hakikaten Bedirhan Paşa bir aralık şiddet göstermiş ise de, bu şiddet Hristiyanlar üzerine icra olmayıp belki gazetenin nefret diliyle yadetmiş olduğu Yezidiler aleyhinde kullanılmıştır. O tarihlerde Kurdistan'ın her köyü ve her kasabasında sayısız medreseler olup bu medreselerde yüksek fenler tedris olunmakta ve hatta Revanduz kasabasında kosmografya, hendes-i aliye ve micesti [geometri] tedrisi fevkalede revaş bulmaktaydı.

Havadis gazetesi; Kürd emirlerine isyanı isnat etmesi dahi eksik malumattan olup bu eksik malumat dahi adeta bu derece hastalık kaplamış ve bu ise her biri saltanatı seniyenin iktidar kanadı mesabesinde bulunan kavimlerden, İslam büyük halifeliğine istifadeden elkoymuştur.

Kürd emirlerinin Devleti Âliye'ye teslimi, maddi gücünün üstünlüğünden olmayıp belki sağlıklı manevi gücün kendilerini mağlup ederek can ve mallarını, iktidarlarını o yolda feda etmiş oldukları vakalara ve olayların cereyan şekline vakıf olanların malumudur.

Dolayısıyla eğer ki Kurdistan'da islahatın icrası isteniyorsa, Gladost'nun muhatabatı siyasisinde aşina olduğumuz hüsnü teveccühleri [iyi niyetleri] suiistimal etmeyerek ve yine Kürdlere, geçmiş büyükleri noktayı nazarından bakarak işi esaslandırmak iktiza eder [gerektirir]. Zira biz kendimiz Avrupalılardan ziyade islahata [reforma] ihtiyacımızı bildiğimiz ve pek az bir vakit içinde kabiliyet ve liyakatımızı bütün Avrupa'ya göstermekten emin olduğumuz halde, buna mukavemet etmek hiçbir vakit ve zamanda hayal ve hatıra gelmez. Fakat Ermenilerin mazlumiyeti ortaya konularak o suretle işe başlanırsa, Bulgaristan gözümüz önünde olduğu halde ölmeyi yaşamaya tercih etmemek elden gelmez.

A. T.

1. 4. Mesele-i Medeniyet ve Ruhbaniyet [Medeniyet meselesi ve ruhbanlık][105]

Edirne Müdde-i Umumu vekil ve muavini izzetli Nacim Efendi tarafından tebliğ olunan bendi mahsustur.

-Bendi Mahsusa-

"Almanya Mebusan Meclisi'nde ruhbanlar aleyhinde cereyan eden konuşmalar sırasında ispatı müddea için bazı zevatın ayet ve hadis-i şeriflere müracaatta mecburiyet, medeniyete tamamen uygun ve ruhbanlığa aykırı olan yüce İslam'ın hükümleriyle delil getirerek özetle "la ruhbaniyete fil-İslam" [İslam'da ruhbanlık yoktur] hadis-i şerifinin kapsayıcı hikmetine isnat etmekte oldukları bu aralıkta mütalaa olunan *Vakit* gazetesinde yayınlanmıştır.

Şimdiki asırda, medeniyet âleminde Almanya gibi temeyyüz etmiş bir medeni milletin İslam dininin hükmünü kabul ile, böyle resmi oturumlarda beyan etmeleri hakikaten şayanı dikkat ve mucibi şükrandır.

---

[105] Abdurrahman Nacîm, *Tercüman-i Hakikat*, no: 631, s. 3, 19 Temmuz 1880

İslam âlimlerinin uzmanları tarafından dahi bu gibi erbabı medeniyetin nazarı dikkatlerini celbedecek usul ve yüce İslam şeriatının hükümlerini açıklamakla âleme duyurmak, dinin ve İslamiyet'in gereklerindendir. Çünkü hem İslam dinine hizmet ve hem de beşer nev'ine yarar sağlamış olur. Fakat ne yazık ki İslam âlimleri tarafından bu konularda izahatta bulunmaları önemli işlerden olduğu halde, buna dair şimdiye kadar hiçbir taraftan bir gayret ve çaba gösterilmedi.

Tüm zamanlarda ve bilhassa bu zamanda ise insaniyet ve medeniyete ait bu gibi faydalı meselelerin neşir ve ilanı, genel fayda sağlayacağı tespitinde bulunulmuştur.

Bununla birlikte acizi (kendim) her ne kadar şeriatı garrayı Ahmediyenin [İslamiyet'in] güç konuları ve esrarı hakkında tam vakıf değil ise de, iktidarsızlığımı ikrar ve itiraf ile beraber bahis konusu olan meselelere dair İslam ulemasından vaktiyle tahsil ve öğrenebildiğim birkaç meselenin şerh ve izahını münasip gördüm.

Şöyle ki insan nev'inin beka ve gelişmesine adeta müstakil sebep olan çalışma ve amelden, nikah ve izdivaçtan nefret ile uzlet [inziva] ve ruhbanlığı seçen İslam ahkamına aykırı, medeniyet kurallarına zıt olduğu için "la ruhbaniyete fi'l-İslam" buyurulmuştur.

Ateşperestler ile Manulerin Mücbbed ve Brahman denilen ruhani reisleri ve İsevilerin rahipleri, soyutlanma ve ruhbanlık ile Rabbi izzete yakınlık ve rızasını kazanma iddia ve itikatları makbul değildir.

Çünkü Enbiyayı Zişan [şanı yüce peygamberler] ve barigahı Sübhan Hazretlerinin [Cenabı Allah'ın] yakınları olan zatların şeriat ve tarikatları, insanlığı ıslah ve yaratılışın hatalarını gidermek içindir. Yaratılışın icabı her ne ise, onun güzel ve meşru bir şekilde kullanmasını istihsan ederler [güzel bulurlar]. Lüzumundan men ve iptalini, fıtratın eksikliğinden sayarlar. Yaratılış ıslahının icabı, Allaha yakınlık sayılıyor, terkedilmesi ise yaratılışı değiştirme ve Rabbi izzetin rızasına aykırılığı ifade ediyor.

Acaba görüntüsü çirkin ve müstehcen olan bir takım kötü ve iğrenç eşyayı görmemek için kör olmayı seçmekle, görme gücünü iptal etmek hüsranı gerektirmez mi? Yahut hiçbir canlıyı el ile eza ve cefa etmemek için şiddet aleti sayılan elin kesilmesiyle gücünü yok etmek, cehalet ve gafletten gelmez mi?

Aynı şekilde tenasül [cinsel] aleti kesmek, yahut rahipler ve Brahmanlar gibi meşru işten menetmekle lazım geleni mahv ve kaldırmak, aynı cehalet değil midir? Elbette cehalet ve hem de aynı gaflettir.

Cenabı Allah'ın azamet ve hilkat sırrı, ıslah ile aşikâr olur, iptal ile nümudar olmaz. Dolayısıyla İlahi emirlerde ıslah, kurtuluş ve felahın sebebi olacağı şüphesizdir.

Bunun içindir ki, İslamiyet'te ruhbanlık yasaklanmış ve hikmet ile medeniyet usullerine uygun olan halin muhafazası ve tabiatın ıslahı emir buyurulmuştur. Hatta Peygamber (s.a.v.) Efendimiz Hazretleri "Ma buistû bir-ruhbaniyeti we innema buistû bil-milletil-hanefiyeti samheti" buyurdular. Yüce meali: "*Ben halkı ruhbanlık yoluna davet etmek için gönderilmedim ancak ben açık, doğru, aşikâr ve beşer tabiatının gereğini meşru surette sarf ve kullanışını müsamahalı bir ilahi kanunu âleme göstermek ve halkın tümünü hidayet yoluna davet etmek için Allah tarafından gönderildim.*" Artık medeni olan ve medeniyeti iddia eden milletler eğer bu hadisin meal ve meziyetlerini tefekkür ve dikkatlice ihtiva ettiği yüce hükmü ve yüksek rumuzlarını idrak ve izan eylerler ise, şüphesiz tamamen hikmet ve medeniyete uygun bir mucizevi kelam olduğunu tasdik ve yakin ederler. Sağduyu sahiplerinin yanında güzel ve makbul akrabalara yardım, komşuya saygı, misafire ikram ve her bir kavim ve millet ile hüsnü muaşeret ve amirlere boyun eğmek ve itaat, zulmü defetmekle adaleti icra etmek, hep İslamiyet'in şan ve şiarındandır.

Medeniyetin esaslarından sayılan ilim ve fenlerin başlangıç, yaratma ve icat etmek ile neşir ve tedvini ve medreselerin, mekteplerin bina edilmesi, mabet ve mescitlerin inşası ile beka ve tamiri zımnında bunca emlak ve arazinin vakıf ve teberruu, kitapların telifi ile sayısız kütüphanelerin imarı ve beşeriyetin tekamülü için öğrenme ve tahsili, şeriat ve fıkh denilen İslamiyet ve medeniyet kanunu, hukukullah olan taat ve ibadet ile insan hukukundan sayılan evlenme, muamelat ve cezaları kısımlara bölerek hukuk ve hudûd [hadler] ahkamının şerh ve tafsili, hep İslamiyet'in özellik ve eserlerindendir. Hulefayı Reşidin, din-i mübin-i İslam'a hizmetleri olanların tümü, medeniyetin esası olan millet ve ümmetin lazım gelen maslahatlarını ikame etmesiyle en ziyade beşer cemiyetinin dünyevi zahir işlerini düzeltmesiyle, beka ve yaşamlarına itina ve dikkat buyurdular. Medeni olmayı gerektirmeye batın [gizli] işlerle maneviyat ve ruhaniyete meyil ve iltifatları pek nadir vukua gelmiştir.

İkinci halife olan Emirû'l Müminin Ömer Efendimiz Hazretleri buyurmuşlardır ki "Ben farz namazı eda ile meşgul ve bilfiil namazımda bulunduğum halde Bahreyn ülkesinin haracını hesap eder ve askerin teçhizini tefekkür eylerim." Sübhanallah, Rab'ül ibade ibadetle meşgul iken yine ibadın [kulların] işlerini düşünmüşlerdir.

İşte Ömer'in bu yüce nutku da tamamen şeriat ve İslam'ın adabı içerisinde, medeniyet usullerine uygun ve ruhbanlık yoluna aykırı olduğuna delil sayılır. Velhasıl zabt ve yazılışı sayfalarda kalmayan nice nice ayet-i kerimeler ve hadis-i şerifeler ile sabit ve doğruluğu meydana çıkmış ki İslamiyet medeniyetin düzgün yolunu açmış, hukuk bilgisi, yaşama adabı, servet usulünü ve yardımlaşma kurallarını İslamiyet âleme göstermiştir.

İslamiyet'in zuhuruyla, zulüm ve düşmanlığın, cehalet ve küfrün mahv ve izalesine emir buyurulmuştur.

İslamiyet'in zuhuruyla temizlik, iyilikseverlik, cömertlik, tevazu, şükür, af ve ihsan gibi güzel ahlak adabı, medeniyet âlemine yayılmış ve irşat olunmuştur.

İslamiyet'in zuhuruyla; cahil insanların diri diri kızcağızlarını yere defnederek öldürmek gibi çirkin adetlerini mahv ve ortadan kalkmıştır.

Bununla birlikte herkese malum olsun ki İslamiyet, böyle bir dini mübin ve İslam böyle yüce bir milletti ki çıkışından bu ana değin bunca büyük çalkantılara uğramış olduğu halde yine cihangir olarak kıyamete değin kendi beka ve temkinini temin etmiştir. Ve bu da "İnnellahe leyueyyidû haza'd-din" yani; *"Muhakkat ve tekit edilmiştir ki Cenabı Hak bu din-i mübin-i kuvvetlendirmiş ve ebedi kılar."* Hadisi şerifin mucizevi kapsayıcı mealiyle sabit olup ve asıl "ayne'l yakin" derecesine çıkmıştır.

1. 5. Kürd kıyamında reng-i siyasi [106]

İngiliz gazetelerinin Kürd kıyamı hakkında verdikleri manalar galiba doğru çıkacaktır. Kürdlerin pek büyük bir entrikaya katılmakta oldukları hakkındaki zannı, günden güne takviye eyleyecek hususlara tesadüf etmekteyiz.

Gerçekten Kürdlerin büyüklerinden pek çokları dünyanın malum ve doğru kimselerinden olup bunların İslam hamiyeti ve Osmanlı gayretinin icaplarına muhalefet etmeyecekleri hususundaki itimadımız tam ise de, bir büyük tarihi vakanın oluşumu için bir büyük entrika çevirmek lazım geldiği halde o entrikayı tertip edenlerin doğrudan doğruya kendileri meydana çıkmayacakları ve entrikalarını yürütmeğe çalıştıkları yerlere yine kendi cinslerinden müttefikler göndereceklerini, nice emsaliyle herkese malum olmuştur.

Kürdler, İran devletinde yeniden yapılanmanın olmaması

[106] Tercüman-i Hakikat, no: 755, s. 1-3, 20 Muharrem 1297-H/ 1 Kanuni Sani 1880

ve düzensizlikten ettikleri şikâyet ve bilhassa Şiilerin Sünnileri tahkir için dini makamları tahkire kadar varışlarından dolayı sarfetikleri ifadelerine bir şey denilmeyip ancak bu şikâyetlerin, bu sözlerin sırf taraftarlarını artırmak için tertip edilmiş bulunmasından ve hakikat-i halde ise bunların dimağına bir istiklal fikri sokulmuş olmasından endişe edilebiliyor.

Zanolunduğuna göre Tahran kabinesi bu fikre ziyadece kuvvet verip bunun üzerine Londra kabinesinin nazarı dikkatini celbeylediği gibi Bab-ı Âlî'nin dahi nazarı dikkatini celbetmiştir.

Bab-ı Âlî'nin işbu İran'ın müracaatına yolda cevap vermiş olduğunu bilmez isek de, zikrolunan kıyamın [başkaldırının] bertaraf olunması Osmanlıların menfaatine uygun olduğunu, bundan önce hudutta bazı askeri tedbirlere başvurulmuş olmasından anlayabiliyoruz.

Bu bilgilerimiz ise bu defa İran devleti tarafından yapılmış olan müracaatın layık olduğu kadar bir ehemmiyet ile telakki olunduğunu veyahut olunacağını bize ümit ettirebiliyor.

İngiltere devletine gelince: Eğer Kürdlerin kıyamında İngiltere'nin parmağı olduğuna dair Rus gazeteleri tarafından ileri sürülen ithamları doğru değil ise, adıgeçen devletin Kürdlerin başkaldırısında zaten ve aslen büyük bir ehemmiyet vermiş olması lazım geleceğinden Asya kıtasının hali hazırını muhafaza etmek için Osmanlı Âlî devleti ve İran ile pek ciddi bir ittifaka kadar lüzum göreceği aşikârdır.

Zira Ruslar başkaldırının mutlaka İngilizler tarafından tertip olunmuş bulunmasını şüphesiz göstererek hatta bunun için askeri hazırlıklar dahi yapıyorlar.

Ve eğer İran devleti Kürd asilerini terbiye edemeyecek olursa, biz terbiye ederiz, hududu geçeriz diyorlar. Bu ise İngiliz gazetelerinin verdikleri gibi, başkaldırıyı engel bahanesiyle bir kere Kurdistan'a asker sevk ettikten sonra artık bir cihetten Orta Asya ve diğer cihetten Basra'ya doğru uzanmak için orasını harekât üssü olarak tutacakları hakkındaki proje tamamıyla muvafık olur.

Şimdi şu ahval ispat ediyor ki bugün Kurdistan kıyamı denilen şey öyle alelade [olağan] bir başkaldırıdan ibaret olmayıp bunda bir bulanık renk dahi vardır. Hâlbuki bundan önce dahi bilmünasebe serdeylemiş olduğumuz vecihle bu entrika, gerek İngiltere ve gerek Rusya tarafından gelsin hangi taraftan gelirse gelsin, bu tehlike uçurumun bir kenarı dahi bizim önümüzde bulunduğundan o tehlikeye mukabil pek büyük bir ehemmiyet ile tavır almamız lazım gelir.

Gerçekten arkadaşlarımızdan bazıları ile şu Kürd kıyamı hakkında fikirlerimiz mutabık olmayıp bunlardan bazıları Kürdleri savunmada, bazıları ise sırf Acemlerle istihza yollarında tahrikte bulunsalar da kendi reislerine körü körüne itaat etmekle, bilhassa Nakşibendi tarikatı şeyhlerinin sözlerini emir ve nehiy gibi telakki eyleyen ve tarihte dahi nice büyük inkılaplarını hareket ettiren kuvvet hükmünü almış olan Kürd milleti gibi fevkalade ehemmiyetini kimsenin inkâra mecal bulamadığı bir halkın bu defaki kıyamında şöyle bir bulanık rengi dahi gördüğümüz halde artık yandaşlardan kat'i nazarla [bakmaksızın] kendi Osmanlı menfaatiniz namına neler gerekiyorsa ona bakmak lazımdır.

İmzasız

1. 6. Kürdler iddiasına mukabil, tarafsızlık veya taraf tarlık[107]

-Bendi mahsusa-

Bir Kürd tarafından aldığımız mektubu tarafsızlığımız hasebiyle dünkü nüshamızda yayımladığımız sırada bu meseledeki tarafsızlık mülahazamızı da bugün yazacağımıza söz vermiştik.

---

[107] Tercüman-ı Hakikat, no: 757, s. 1-2, 4 Kanuni Sani 1881

İlk önce refikimiz *Ahtar* gazetesi, halen *Tercüman-ı Hakikat*'ın tarafsızlığını kabul etmemekte olduğundan bu tarafsızlığımızı yine kendi sözleriyle ispat edelim:

Perşembe günü çıkan *Ahtar*'da özel bir paragraf vardır ki, ulemadan bir zatın gazetemize gönderdiği "İttihat ve hüsnü vidad" başlıklı bentlere dair olup bu bentlerin bazı bölümleri faydalı ve diğer bazı bölümleri şaibeyle karışık olduklarını ve bununla birlikte tebrik ve teşekküre layık olduğu apaçıktır.

Şu kadar ki refikimiz; zikrolunan bentlerden hoşuna gelen bölümleri takdir ettiği halde Kürdler tarafından da gazetemize dercolunan mektupları asla beğenmeyip bunları kabul ve neşretmememiz için uyarıyor.

İşte bu paragraf: Gazetemiz tarafsızlığını, *Ahtar*'ın da itiraf etmiş olması demek olarak telakki edilmez mi? Zira içeriğimiz tamamıyla *Ahtar*'ı memnun edecek olsa, gazetemiz Acem taraftarı olmak ve tamamıyla *Ahtar*'ı usandıracak surette bulunsa, gazetemiz Kürd taraftarı olması lazım gelir. Hâlbuki *Tercümanı Hakikat* kendi düşünceleri olmak üzere yazdığı bentlerde, bölümlerde iki tarafın da teşebbüslerindeki haklılığı ve haksızlığı, kemali adaletle ortaya koyduğu için her iki tarafı bazı sözleriyle memnun ve bazı sözleriyle de gücendirmiş oluyor ki, bu da tarafsızlığın birinci nişanesidir.

Bir Kürdün dünkü nüshamızda yazılan mektubuna gelince: Bu mektup güya *Ahtar* gazetesine İzmir'den gelmiş olmak üzere yayımlanan bir mektuba cevap olarak yazılmıştır.

İzmir'den geldiği rivayet olunan mektupta, Kürdlerin taassup ve şiddetlerinden bahsolunuyor. Bunu biz de tamamıyla ret ve inkâr etmeyiz. Hatta hiddet ve şiddet eseri Kürdün son mektubunda dahi görüldüğü gibi bundan önce de bu keyfiyeti teessüfle açıklamıştık. Lakin *Ahtar* gazetesiyle güya ona mektup yazanlar acaba taassup eseri olarak hiddet ve şiddet göstermiyorlar mı? *Ahtar*'ın kendi makalelerinde buna dair birçok delil göstereceğimiz gibi, İzmir'den geldiği beyan olunan mektupta da hakaretin her çeşidi mevcuttur.

Bununla beraber tarafsız olan Müslümanlar; şu davada bizimle beraber Kürdleri de ve Acemleri de takip ederler. Hususen Acemleri biraz daha ziyade takip ederler. Zira Kürdlerde görülen taassup ve şiddet, askeri galibiyetten çıkan bir şey görünüp Acemler ise hususi mezheplerindeki malum şiddet ve hiddetten de kaynaklanmaktadır.

Bizim her iki tarafı takip edişimiz ise, Müslümanlığımızca Şiiliğe düşkünlük veyahut Sünnilik cihetinde taassubumuzdan kaynaklanmamaktadır. Biz bu konuda mezhebi hissiyatın asla karıştırılmasını istemeyiz. Yalnız işe İslamiyet'in umumi menfaatlerine ait bir "siyasi" mesele nazarıyla bakıp İslam'ın iki büyük rüknü [temel direği] arasında bu yolda münakaşaların görülmesini, bunun İslam siyasetinin menfaatine aykırı bulduğumuzu ve bundan dolayı iki tarafı da takip ediyoruz. Yoksa bir Acem "Necef kulu" yahut "Bağdat bendesi" veyahut "Basra kölesi" olmuş bunda İslamiyet'in umumi menfaatine göre hiçbir zararı olmadığı gibi, bir Sünni'nin de kendisince iddia eylediği mensubiyetlerin hiçbir zararı yoktur. Ama Sünni ile Şia bu yoldaki münakaşalar üzerine yekdiğerine kılıç çeker ise, bunun İslamiyet'in genel selametine pek büyük müthiş bir tehlike arzedeceğinden dolayı işte bu cihet ayıplanacak bir şeydir.

Sünniler ile Şiiler arasında bu defa vukua gelecek kanlı hadiselerin neticesi, bundan önce dökülmüş kanlar gibi tümüyle heder olmakla dahi kalmayacağını kemali ehmmiyetle düşünmelidir.

Gerçekten şimdi Kürdler "Acemi bed fercamı" [akıbeti kötü Acemleri] "şöyle vurduk böyle kırdık" diye iftiharla ilan ediyorlar. Acemler de "eşkıyayı bed likayı Ekradı" [çirkin suratlı Kürd eşkıyalarını], "şöyle perişan ettik ve böyle vurduk, kestik" diye cihanı velveleleriyle dolduruyorlar.

Sübhanallah! Kim kimi kesip biçiyor? Müslüman, Müslümanı! Ya etrafa bakan yok mu? Ya bir tarafta İngilizlerin ve diğer tarafta Rusların bu mukateleye ne nazarla baktıklarını gören yok mu?

Yarın işin içine bir de ecnebi süngüsü girecek olursa, bu iki taraf kahramanları ve şairlerinin mübalağalarıyla beraber dini ayrı ecnebinin süngüleri önünde nasıl kıvrana, kıvrana mahf ve helak olacaklar, bunu düşünen yok mu? Olanca kuvvetlerini yekdiğerini kırmak yolunda israf eyledikleri halde asıl galip düşman, adımlarını attığı zaman onun ayaklarını ne ile kıracaklar? Birbiriyle çatışmada kuvvetten düşen ve kırılan elleriyle mi?

Şimdi Ashabı güzin efendilerimizden üçünün dördüncüsüne üstünlüğünü kabul edemeyen ve imamet hakkı ve hükümeti kendi mensupları için dava eyleyen Acemler, o zaman çomak koyanların çomaklarına nasıl boyun eğecekler? Şimdi İran devletinin Şii muamelesine güç yetirmeyen Kürdler, o zaman Balnasarofların baltalarına nasıl önlerini açacaklar?

A canım Rumeli'yi görmediniz mi ki ne cami kaldı, ne tekye, ne zaviye, ne türbe, ne ırz ve ne namus? Ehli İslam bölük, bölük firar ediyorlar. Ya siz nereye firar edeceksiniz ey Kürdler, ey Acemler? Şüphe yok ki Hristiyanlığın mahkûmiyeti altında ezilen sair Müslümanlara benzeyeceksiniz.

Ey İslam gayreti sahibi bir adam, bunları düşündükçe iki tarafın ikisini de ayıplamaz da ne yapar?

Ahtar gazetesine taaccüp eden ki güya İzmir'den gelen bazı mektupları derecedemediğinden dolayı mektup sahibine, Türkçe yazılan gazetelerin Osmanlı memleketlerinin dışındaki yerlerde okunmadığından ve lisanı Farisi ise İslam memleketinin genelinde okunduğunu bahisle, Müslüman kalplerin nefretini gerektirebilecek şeyleri yazamayacağımı beyan ediyorum.

Ey refik! Kendi muameleniz kendinizi tekzip ediyor. Ehli İslam kalplerinin nefretini gerektirebilecek şeyleri yazmak sizce istenilmeyen ve gerekli değil ise, güya Kabil ahalisinden birisinin vermiş olduğu beyanıyla o mektubu yine bu nüshanızda niçin yazdınız ki, mektupta birkaç şatafatlı sözlerden sonra şöyle deniliyor:

"Birincisi; bu başkentte "müzehane" denilen antika eserlerini temaşa şevkine düştüm, gittim. Onun düzeninden ne kadar hoşnut oldum ise, makamının münasebetsizliğinden daha fazla üzüldüm. Zira orası pakize bir mescit iken, ilah heykelleri ve putlara mekan olmuş. Öyle şerefli bir mekana her milletten adamlar ayakkabılarıyla giriyorlar. Hayırlı kimselerin secdegahı olan yerlere ayakkabılar ile basıyorlar."

Acaba bu paragraf Müslümanların kalplerine nefret vermek için yazılmamış da ne için yazılmıştır? Bari söz doğru olsa! Bari müzehaneye çevirilen yerin vaktiyle Mescidi Şerif olsa! Bunun bir köşk olduğuna herkesle beraber *Ahtar* yazarları da biliyorken bu paragrafı gazetelerine koymaları ne maksada mebindir? Ya şu paragraf!

"İkincisi; bazı Müslüman kadınları İstanbul çarşılarında görürüm ki başı ve yüzü açık oldukları halde sokaklarda gezip gençlerin kendileri üzerine gelmelerini istiyorlar. Ve çoğunluğu sokaklarda civarhanelerden görülecek surette kötü işler işliyorlar. Kara ve deniz askerlerinden bazıları hırsızlık, desise [hile] ve bazı kere de yalanla halkın malını yağma ediyorlar. Bu halleri Hilafet yurdunun şanına uygun bulamadığımdan, dindarlığım hasebiyle ihbar nezdinde bunları hatırlatarak bunun değiştirilmesini arzu ediyorum."

Demek oluyor ki *Ahtar* gazetesi İslam'ın Hilafet yurdunu kendi dediği yönüyle Hindistan ve Asya'da, Kafkas ve sairede şu yolda teşhir için bu bölümleri kabul ve derç eylemiş.

Bunun üzerine başka türlü mülahaza beyanına cevaz görmeyiz. Şu nifak ve şikakı, bu garaz ve maksatları maazallah İslam'ın selameti aleyhinde bir hıyanet olmak üzere itham ederek bu harekette bulunanlar hakkında söylenecek sözleri ahlaka terk eyleriz. Zira bizim şimdiki nifak ve ittifakımızdan en ziyade zarar görecek onlardır. Çünkü bu haller onları ecnebilerin ellerinde esir ve mahfetmekten bir neticeyi sonuçlandırmamak için tertip olunmaktadır.

Cenabı Hak her kesin cezasını ameline göre versin!

İmzasız

1. 7. Gazel (Kurdî)[108]

"İngiltere'nin Diyarbekir Konsolosu Mr. Trotter'ın Kurdistan'a dair yazmış olduğu bilinen yazısında, düşünmeksizin "yoktur" dediği ve gerçekten kütüphaneler dolduran Kürd edebiyatından en sade ve en sanatsızca bir gazel, Kürdçesinin asıl ve tercümesini işaret edilen zatın gerçekten hatalarla dolu istihbar ve anlatımlarının hayli hakikatten uzak neşriyatına yahut kendisince tahkikatına bir *ret mukaddimesi*[109] olmak üzere güzel idarenize takdimle beraber hiç olmazsa tercümesi olsun; *Tercüman-ı Hakikat* sütunlarında yayınlanması ümidi ile cesaretle arzederim.

Gazel (Kurdî)

1- Kuwa darayî zer ger te kemer çin kûlme gulnarî

Kulawxwar, çaw xumar, şîrîn xalî miske tatarî.

Tercümesi:

Ey entarisi sırma işli, kumaştan ceketi, kemerde kırmalı ve yanakları gülnarlı sevgilim!

Ey başlığı eğrice, gözleri mahmurca, benleri Tataristan

---

[108] Keyfî, *Gazel,* Tercûman-î Hakikat, no: 969, s. 2, 18 Şevval 1298-H/13 Eylül 1881. Bu yazısı başlıksız olarak "Edebiyat"stununda yayımlanmıştır.

[109] Yazarın burda "*Ret mukaddimesi*" ibaresini kulanmasının nedeni; gerektiğinde bu konudaki tartışmayı sürdüreceğinin sinyalini vermek üzere kullanmıştır.

miski misali sevgilim!

2- Ke Manî hate ser kêşan ebrûyê tû le paş çawet

Le mestî destî wa lexezî ke keç hat xatirî karî.

Tercümesi:

Vakta ki Manî mahmur gözlerinin tasvirini çektikten sonra kaşını çekmeğe geldi.

Sirayetle sarhoş olmasından öyle eli titredi ki pergel hattı eğrice geldi.

3-Muneccîm gûşe-î çawî ke dît nûsî le teqwîm da

Ke îmsal zû zenbê talî' bûwe îfsade asarî.

Tercümesi:

Müneccim; gözlerin köşesini gördüğü zaman takviminde,

Yazdı ki bu sene kuyruklu yıldız çıkmış, bu ise karışıklığı gösteriyor.

4- Etûş teqlîdê zûlfê yar dekî wa dîyare ey eqreb

Heya her wa le çaw da her çi tû bikî kore muxtarî.

Tercümesi:

Sen zülfü yarî taklid eder görünüyorsun ey akrep!

Ne diyeyim şerm ve haya gözde olmakla her istediğini ey kör yapabilirsin

5-Eger tû rast dilî bo qatil dil nîyet eda bo çi

Derûzen tîrê mûjganet be xor xwîn dî le sofarî.

Tercümesi:

Eğer sen doğru söylüyormuşsun da, yüreğimi yaralayan sen değilmişsin, ya nedir bu?

Ey yalancı sevgilim ki ok gibi kirpiklerinden hızla kara kan akıyor. –Göze sürme çekmek adeti unutulmamalı-

6- Gul emro xûyê muqabil kerd biruxsaret le layî xelqî

Belê herdem der o we herze gûn mehbub bazarî.

Tercümesi:

Gül, çarşıdakilerin yanında kendisini ruhsarına mukabil tutu;

evet çarşıda dolaşan güzeller, daima ağızları parçalar ve boşboğaz olurlar.

7-Wekû fuware xwîn denge le koşeê mîhwerê gerdûn

Le dorê çawe kanû le çawem hinde xwîn barî.

Tercümesi:

Senin mahmur güzlerinden uzak kaldığımda o kadar kan ağladım ki şimdi fıskiye kesilmiş gerdunun mihveri köşesinde kan fırlıyor.

8- Le çar çet qet meke umîd le çar kes "Kurdî" ta dimirî

Le xot aqil we le dil sebir we lebat îmdad le yar yarî.

Tercümesi:

Ey "Kurdî" ölünceye dek dört kimseden dört kısmına asla ümit etme; yani aşkın cihetiyle kendinden akıl, gönlünden sabır, bahtından yardım, yârinden yarlık bekleme.

-Edebiyat-[110]

1. 8. "Cevabnam-î Manzûm"

Sarmaşık misli her sarıldığı ağaç ve duvara süslü bir biçim vermek hususiyetine sahip olmuşçasına yüzlerce seneden beri bir irtibat ettiği grup ve millete yücelik veren, asil kavmin iyilik namının bekasını temine çaba ve ihtimam yoluna bir kalbi his ve deruni icbar ile sevk olunuyorum.

Bu his ve zorunluluk ta sırf nev'inin bekasına faydalı şekilde çaba göstermekten geçtiğini ve bunun kutsal bir görev olduğunu hissediyorum.

---

[110] Keyfi, *Cevabnam-î Manzûm*, Tercuman-i Hakikat, no: 974, s. 3, 25 Şevval 1298-H/19 Eylül 1881

İşte bu mecburiyet sevkini cankulağıyla gören hakikat sahibi zatlar nazarında Kürdçe edebiyattan arasıra bazı şiir ve eserlerin derci niyazında bulunmaklığım hafife alınacak tarzda görülmeyeceğine kemalı itmadımdandır ki bu defa "Kurdiyî Goranî" olarak aşağıdaki *"Cevabname-î manzûm"* ile Türkçe tercümesini, *Tercüman-i Hakikat* değerli idaresine cesaretle takdimde bulunuyorum. Değerli idarenizin takdirine mazhar olduğu takdirde bilhassa İngiltere'nin Diyarbekir Konsolosu Binbaşı Mösyo Trotter'in tashih ve ikmal malumatı niyetiyle Kurdî'nin takriben 300 senelik hem de hikâye şeklinde büyükçe bir eseri gerek manzum aslını, gerekse Türkçe tercümesini takdim etmeye söz veriyorum.

Cevabnam-î Manzum

Be şew û be neşwem nişte bêm xecil

Dim şadî di sed ender wazeî dil

  Watem namanî hergiz ha çîşen

  Leb berde we çîş nameî new pîşen

Netarîkî xetê manaş mec û şa

Çûn abî heyatê dil xas xas nûşa

  Ax qûwe-î zemîn derunim gum bî

  Bû lekî sufteê sir rayê xem bî

Wer ne o şew nîm çû ser û mûşt

Meşya be gerdaş û rewdeê bihîşt

  Ferma bêt îse çemîn camî cem

  Pasîce nîn tû dîn û çesim

Tervê kala keş alatir bîn

Sed keyan û bo lê balatir nîn

  Arî ta pê û men rû men çûn şew

Şewqen bê xendeê subhê cebheê o
Ta were ê derdî dilê men şanen
Zerîfet turre ê o dane danen
Na sûfteê qametê men û sime û şen
Ebrûyê o maîl û kamankeşen
Namen diwê sufteyê çiştem nesrîn
Celayê ayine ê o zîyatirîn
Hay çîştê waten û rehmet şad bî
Mer o sakim bî este zîyad bî
Er cîh zamê dil men nekat mekerd
Mezanatê o zat o wasif bîkerd
Ew naz û ew naz û ew qews û ew xedeng
Bîn hin mebû têkîlan çi reng
Haliş dise mil û îstiqbalîn
Îstîqbal çinî haliş yekmalin
Barî dil û xiştê wêranê ewan
Hiqqet û desten nedârî tawan
Dilê tifl wazîz her rû nîşanî
Her sat xedengî her dem nîşanî
Ka çûn stareê tarîkî seher
Ka qemer ka xwer mey û menzer
Destê şîrînîş mawer û ew yad
Ferhadê le taq ferqegehê Ferhad
Xalû pê celal erkarê sazî şen
Wade ê tecellayê tîr endazişen
Bismillah o tîr pur peyda busteş

Endîşaneê dil şed car şikesteş

Çûn renge ger wazim naze damanim

O mez yû dem gûne zamanim

Zamê ten û tîr belaş ziyatir

Rayê îmşewê dil û laşe ziyatir.

-Cevabname tercümesi-

Aşk âleminde benzersiz olma cihetiyle ancak kendim gibi gamlı oturmuş iken hiç kısmet olmadığı sevinç birdenbire kalemin kapısını çaldı ve acayip!

Bana asla geldiğin yok! Ne oldu da geldin! Dedimse gülümsedi, senin şikâyetnamen geldiği anlaşıldı.

Namenin zûlumat hattını, içinde coşan ruhun manalarını, abıhayat gibi kana kana içtim ise de,

Ne fayda ki içim gam ve mihnet yolunda yanmışların külünden olmakla, yaşama gücü yok.

Yoksa çeşme başında buharlaşarak yoğun o şebnem (çiğ) gibi ince rahmet bereketiyle cennet bahçesinde bir numune olurdu.

Buyurduğunuza göre ayineyi camı cem gibi güzellik ve melâhat cihanını gösteren o cevher, canın şimdiki cemal ve onu daha önce gördüğün celal ve şânına benzememiş!

Güya şimdi en yüce olan o güzel endama bir yarım bakışla hasretini gidermek üzere bir canı feda etmekten geri kalınmazmış.

Evet ayrılık zulmetiyle [karanlığıyla] aydınlık olan gündüzüm karanlık gece gibi kırgın oldukça, o alnının sabah aydınlığı ve ışığı elbette aydınlatan gündüz olur.

Evet şu benim hicran [ayrılık] okuyla paramparça olan yüreğim, aşk derdinin testeresiyle tarak haline konuldukça o cemal timsalin sabır ve kararım gibi dağınık bulunan saç lüleleri daha zarif bir şân ve perişanı bulur.

Evet benim ince kametin aşk cazibesiyle bükülmüş bir yay gibi olunca, yârimin o bükülmüş kaşların teli kemankeşlikle mail olur.

Evet, evet. Bu yanan vücudun ne kadar dud-i endud [karaçalma] olsa, o ayine dahi o kadar daha parlak olur.

Ah... Ne demişsiniz! Ne düşünmüşsünüz! Hiç olur mu? Ki o cemal [güzellik] cihanda o cevher canda güzelliği an be an ziyade olsun, bir zuvıan noksan olsa heyhat!

Eğer kalbimde açtığı yaraları görseydiniz, görürdünüz ki o zat, o sıfat, o naz, o keman, o peykan [sevgilinin kirpiği] hemen ölmüş ve ölür ve ölecektir.

Gördünüz ki zamanı hali istikbaline sıkı sarılmış, istikbali dahi mazisinden ayrılmaz bir hale gelmiştir.

Fakat kötü harçla inşa edildiği ecelden, hüzün evi olan kalbimi bari bu cihetle olsun yıkmağa kıymanız bir dereceye kadar hak sayılabiliyor.

Ben her dem elde nur bir safdil tıfıl iken, o edalı insafsızım her an bir şan, her lahza bir peykan her dakika bir nişan olur.

Gah kamer [ay], gah parlak güneş, gah dahi seher yıldızı gibi görünür.

O Hüsrev; sevgilisi Şirin sanatını icradaki maharet eli, Ferhat, farkını Bistun sarayında Ferhatlığı hatırlatır.

Şimdi benim dayıcığım! Eğer o seyyad-ı bimisalim [benzersiz avcım] izharı celal sevdasıyla oklarını atma eğiliminde ise.

İşte perişan okları, bismillah diyerek atsın. İşte bin defa deldiği tenim, dilediği kadar hedef olarak vursun.

Ne zaman taze yaralarım kanıyla eteğim boyansa, hasretinden eski yaralarımın ağzı sulanır.

Yarim; vücudumda ne kadar ziyade yaralar açsa, hakipayine [ayağının tozuna] hasretli kalbim için o kadar yollar açılır.

1. 9. Arap edebiyatı ve İslam siyaseti-1[111]

Arap edebiyatı ve İslam siyaseti kurallarına dair

"*Hûlasatû'l-Hîkmet we Hediyetû'l-ûmem*" namıyla tertip ve başlığını padişah hazretlerinin adıyla süsleyerek sekiz cilt te'lif ettiğim dördüncü cildinde olan "Saltanat ve Hilafet" hülasasının menfaat ve genel faydalarına ait olacağı cihetle, seçkin *Tercüman-ı Hakikat* gazetesinin sütunlarında derc ve yayımlamak üzere takdim kılınmak ve bundan böyle dahi fırsat düştükçe, vakit buldukça buna benzer faydalı hizmetlerde bulunacağımı arz ve söz veriyorum.

"Saltanat ve Hilafet"

Cümlenin malumudur ki Padişah yeryüzünde hak ve dinin halifesi ve herşeyde mutlak hâkimdir. Padişah; mevlayı müsteanın [Allah c.c.] te'yit ihsanıyla serbûlend ve Rabbi Sübhani'nin izzet ve sultanıyla mümtaz ve itibarlı olmuştur. Padişah; hakkın yardımcısı ve halkın riayeti için gereklilik üzerine atanıp tayin olunmuş, iktidar eline toplum işlerinin yuları verilmiş, din ve dünya işlerinin düzeni kendisine teslim ve tevdi buyurulmuştur. Sultan, halkın arasında Allah'ın gölgesi, şeriat ile nizamın koruyucusudur. Sultandır ki zalimleri siyasetin güçlü kılıcıyla susturur ve mazlumları adalet sofrasında duyurur. Sultandır ki bir emir ve yasakladığına itaat, aynen adalete itaattir ve ona olan itaat Cenabı Rabbi İzzet ile Resul-i Ekrem'in itaat ve boyun eğmelerine denk olmuştur. Padişah'tır ki bizzat hakkında "Haat ediniz" ayeti kerimesi gelmiştir. İşbu ayeti kerimenin tefsirinde İmam Beydavi rahmetûllahi buyurur ki "Ulûl emir"den murat, gerek Hz. Resuli Ekrem (s.a.v) efendimiz hazretlerinin saadet dönemlerinde ve

---

[111] Abdurahman Nacim, *Arap edebiyatı ve İslam siyaseti-1*, Tercüman-ı Hakikat, no: 967, 16 Şevval 1298-H/10 Eylül 1881

gerek ondan sonra da bulunan Müslüman emirlerdir. Ve bu da Hûlefay-ı İslam ve ünlü kadılar ile mülkiye ve askeriye amirlerinin cümlesini kapsar.

Şöyle ki, cenabı Hak onları adaleti icra etmeyi emir ve irşad buyurduktan sonra, onların emir ve nehiyelerine de itaat etmek emrini dahi cümle kullara vermiştir. Yani "Ulûl emir"den [emir sahibi] maksat, aslında Padişah ve tabii olarak Padişah tarafından dini ve dünyevi işlerde atadığı memurlardır. Dolayısıyla divana atanan her bir memurun altında bulunan ve maiyetinde olan diğer memurların üzerine hakkıyla emre itaat ve mertebesine göre hükmü geçerlidir. Hülasa işbu memurlar ile idareleri altında bulunan reayanın [toplumun] tümü Sultanı Azam ve Resuli Ekrem'in halifeleri olan Padişah'ın itaatına ve her bir emir ve nehilerinin yerine getirilmesine ve bütün hükümlerin uygulanmasına memur ve şer'an mecburdurlar. Ve bu da: "Her biriniz çobansınız, her biri sürüsünden mesuldür." Hadisi şerifin yüce mealinden anlaşılmıştır.

Bakınız ki Cenabı Hak, ne derecelerde Sultan ve Meliklere saltanat ve şevket parlaklığı ile şanlarını yüceltmiş ve ne rütbelerde kudret ve heybetiyle unvanlarını tebci [ululuk] ve terhim [büyüklük] buyurmuştur.

Çünkü Cenabı Hak ilmi ezeli ile biliyor ki cümle âlemin düzelmesi padişahın irşad ve adaletine bağlıdır. Ve din ile dünyanın islahı, "Ulûl emir"in siyaset ve himmetine bağlıdır. Dolayısıyla itaatlarını farz mecrasına saymakla ifa edenler sevaba ulaşır, ifa etmeyenler ise dünya ve ahirette azaba müstahak ve cezası görülür. Zira ulû'l ebser [görüş sahibi olanlar] nezdinde aşikârdır ki Caneab-ı Hak'ın tazim eylediği zatın ve tekrim [ikramda] bulunduğu şahsın temcid [ululama] ve tekrimi ile emirlere boyun eğmeyi ve akabinde cereyan eden hükümlerin kabul ve teslimi lazım farzlardan ve vacip hukuktandır.

Çünkü Padişaha itaat, fil-hakika [gerçekten] mucib-i te'lif

[uzlaşma sebebi] ve toplanma sebebi, dinin intizamı ve refahın gelişmesi, İslam'ın terakkisi, huzur ve asayışın bütün halkı kapsamasıdır. Arapların büyük şairlerinden birisi gayet güzel bir beyti nazm ve inşad buyurmuştur ve tercümesi şöyledir:

"Eğer padişahların saltanat lambaları adaletle aydınlanmamış olsaydı, doğruluk ve hidayet yolu üzerinde ihkakı hak için hiçbir ferdin durmasını bulamazdık. Artık şüphesizdir ki padişahlara olan itaat, Hazreti Rebbû'l alemîn'in hablı metini [sağlam ipi] ve dini kavmin [doğru dinin] bir açık burhanıdır [delilidir].

Huzeyfe bin Yeman buyurmuş ki "Her hangi kavim ve millet, padişahlarını zelil etmek isterler ise, Cenab-ı Hak o kavmi dünyada zelil ve ahirette de rezil ve rüsva eyler.

(Arkası var...)

1. 10. Arap edebiyatı ve İslam siyaseti-2[112]

Cenabı Rabbı Muin (Allah c. c.) ki adillerin en adaletlisidir, padişahların reaya ve hakiler hakında adaleti icra etmeleri, şefkat ve merhamet göstermeleri farz ve vacip kılmıştır. Zira padişah ile reayanın üzerlerine vacip olan hukukun ifasıyla devlet ve nimet devam ve beka bulur, asayış, rahat ve bağımsızlığın sebebi olan ittihat ve itifak meydana gelir.

Farsça bir deyim: Dewami dewlet ender heq şunaşist. Zewali nimet ender siyasist. (Devletin devamı, hak ve hukuku tanımakladır. Nimetin zavalı, siyasetsizlikledir.)

Fahrı âlem Hz. Peygamber (s.a.v.) Efendimiz hazretleri buyurmuşlardır ki: "Sultan zillullahi fi'l-arz'dır." Yani; "Her mazlum ona iltica eder." Bu hadisin yorumunda bazı ulemayı kiram şu şekilde yorum ve meramı beyan buyurdular ki:

---

[112] Abdurahman Nacim, *Arap edebiyatı ve İslam siyaseti-2*, Tercüman-ı Hakikat, no: 968, 18 Şevval 1298-H/12 Eylül 1881

"Zill'in manası zulmet yahut muhafazadır. Ve bir takımı dahi söylediler ki "zill"in hakikatı gölgeden istiare yoluyla kullanılmıştır. Zira herbir şeyin gölgesi, o şeyden hikayet eden olduğu gibi nihayette o şeye dahi münasebeti olacaktır. Nasıl ki Cenabı Hakk'ın kudretinin vücuduyla kâinatın silsilesi, sütun ve mümkünatın nizamıdır; oluşumu ve yaratılışı tahakkuk etmiştir. Aynı şekilde padişahın varlığıyla memleketler ve şehirler kabili intizam [düzen] ve sükûnet has ve amm olmuştur.

Nasıl ki yazın şiddetli sıcağında herkes bir gölgeli yere iltica ile istirahat etmeye çalışırlar aynı şekilde; işlerin karışıklığı ve asırların karışık inkılaplarında her bir mazlum ve kederli; padişahın merhamet kapısına iltica ile rahat ve huzuru elde eder. Yine Fahri Kainat (s. a. v.) Efendimiz hazretleri buyurmuş ki: Kıyamet günü Cenabı Hakk'ın izzetli meclislerinde en yakın ve sevilen zat, adil imam [devlet başkanı] dır. Yani padişahtır. Ve Hazreti Ali bin Ebû Talip buyurdular ki; "reayanın (toplumun) hayatı ve canı, yeryüzündekilerin iyilik ve emniyeti padişahtır."

Hazreti Ömer Faruk Efendimiz hazretleri dahi Resul-i Ekrem (s.a.v.) Efendimiz hazretlerinden; ümmetin itaat ettiği ve boyun eğeni, halkının emrinde bulunduğu kişi padişahtır. Bir sualinde; Padişah yeryüzündeki Allah'ın gölgesidir, buyurdular. Padişahlar hakkında Arap şairlerinden biri şöyle söylemiştir: "Her bir maruf [iyilik] ve ikramın amiri ve her bir hâyasızlığın ve kötülüğün manii, tebliğ ve sakındırmada enbiyayı mürselinin halifeleri olan, dini mübinin ve hak yolunun güçlü binası padişahlardır."

Bazıları dahi demişler ki padişah, arzın feyz ve bereketi, halkın hayır ve menfaatı, adaleti sayesinde oluşur. Bazı hikmet sahipleri demişler ki padişahın zekiliği ve zeyrekliği, ayırdebilme gücü, iyi bir akıl ve idrakını gösteren şey; kamil ve akılı sadık bir veziri seçmek, en alim zatlar ile konuşup sohbet etmektir. Bu özellik, kemale delalet eder ve bu güzel hasletlerle alemde iyi yankılar bırakır. "Kişi, arkadaşıyla tanınır", güzel bir deyimdir. Bir şair dahi buna benzer olanını şu şiirinde söylemiş: "Yani; daima fazilet ve din ehliyle arkadaşlık eyle, zira insan arkadaşına mensup olur." Bununla birlikte padişahlara lazımdır ki vezir ve hizmetkarlarını bilgin ve zeki kimseler arasında seçsinler. Zira aşağılık kimseler terfi ederlerse, eşrafı hafife alır ve itibarlı kişileri hakir görür. Bundan müşkülat ortaya çıkar, işlerin şirazesi dahi bozulur. Islah ve onarım zor olur, gider. Aynı şekilde padişahlara lazımdır ki her hâlükârda vali ve çalışanların şan ve hallerini araştırsınlar, zira bununla halkın gönlü huzura kavuşur.

Zalim ve hain olan memurlar, zulüm ve hıyanetten vazgeçerler, korkan ve zulün gören dahi selamet bulur. Hz. Ali (r.a.) buyurdular ki; padişahlara lazımdı ki daima devlet işlerini, vezirler ve yardımcılarını araştırıp takip ile iyi ve kötü hizmetlerine vakıf ve haberdar olsunlar ki doğru olana mükafat, hain olana ceza tertip eylesin. Böyle muamele icra olunmaz ve iş terkedilip ihmal edilirse, hizmet edenlere gevşeklik ve tembellikle, kötü hizmet edenlere fazlasıyla gurur ve cesaret gelir, devlet işlerine fesat karışır ve amel zayi olur.

Aynı şekilde padişahlara gereklidir ki her bir hizmeti ehil ve erbabına versinler, yoksa müstahakların kalbinde ümitsizlik peyda olur, hizmetlerine ehemmiyet vermezler.

(Arkası var...)

1. 11. Arap edebiyatı ve İslam siyaseti-3[113]

Hülasa [özetle] güzel hizmet edenlere mükâfat ve yükselmelerine acil ehemmiyet ise de, ceza uygulamasında teemül [iyice düşünmek] ve teenni [acelesiz] ederler. Zira mükafaata acele etmek, lıyakatı hüsnü [güzel] hizmet ve itaata sevkeder. Ve cezanın tehrinde dahi beraatın tahkikiyle [araştırmasıyla] affın imkanı baki kalır.

---

113 Abdurahman Nacim, *Arap edebiyatı ve İslam siyaseti-3*, Tercüman-ı Hakikat, no: 969, 18 Şevval 1298-H/13 Eylül 1881

Farsça şiir:

"Tûra çûn zi Yezdan bizûrgi hemast

Be ta'cili hûkmi siyaset hatast

Ger evvel teweqquf kuni der qisas

Tewan kuşten o ra ki bedhi xelas

Velakin çu qalib perakende geşt

Binared beferman tû zende-i kuşt."

Meali:

"Sana Yezdan'dan büyüklük verilmiş; siyaset hükmünde acil davranmak hatadır. Eğer kısasta başta durursan, hem öldürmeyi ve hem de kurtuluşu verebilirsin. Lakin kalıp [insan bedeni] yere serilirse ve denilirse ki bir canlıyı öldürmüşsün, o zaman iş işten geçer."

Yine aynı şekilde padişahlara hüsnü niyet dahi çok gereklidir. Zira Padişahın iyi niyeti, lütüf ve ihsan, kötü niyeti ise zulüm ve düşmanlıktır. Ve padişahlara lazımdır ki hizmetkâr ve yakınında bulunanlardan birisinin selameti zahiresine [dış selametine] itimat eylemesi; diğeri hakkındaki düşmanlığı ise araştırma öncesinde zan ve şüpheyi kabul üzerine tutulmamasıdır.

Zira gaybı bile Allah'tan [c.c.] gayrı, hiçbir kimse kalplerin içindekilerine vakıf olamaz. Nakledilmiş ki Kesra'ya (Sasani hükümdarı) bir yazı takdim olundu, içeriğinde filan bin filan kimselerin hakkınızdaki niyetleri değişmiş ve kötü niyetleri taşırlar. Kesra dahi; "benim padişahlığım somut şeyler üzerindedir, niyetler üzerinde değildir, adelet ile hükmeder ve zulümden kaçınırım" ibaresini koyarak yazı sahibine verildi.

Birisi Nuşirevan-ı Adilden tüm halkı kapsayan cömertlik nedir diye sormuş, Nuşirvan dahi cevabında; "halkın tümüne adalet ve şefkattan ibarettir demiştir". İskender dahi mülkün düzelmesi hangi şey ile meydana geleceğini bir hekimden sormuş, hekim de; "halka yumuşak ve iyilikle, zorlama ve şiddet olmadan verginin tahsil edilmesini, tüm halka lütuf ile adaleti dağıtmak ve yol emniyeti ile mazlumlar hakkında imdada yetişmek ve yardım etmekten ibarettir" diye cevap vermiştir.

Bazıları demiş ki en mükemmel ve adaletlisi, halkının kalbinde ne kadar heybetli olduğunu gösterirse o kadar sevgiyi de yerleştirmiş olur. Ve bu da beş şey ile mümkün olabilir. Eşrafa ikram ve hürmet, zayıflara lütuf ve merhamet, fakirlere cömertlik ve şefakat, düşmanlara iyi siyasetle gücünü kanıtlamak, gariplere yol emniyeti ile yardım etmektir. Bunlardan herhangisi eksik olursa, onun feryadı kadar ümitsizlik meydana gelir. Gelelim melikler ve sultanların adalet hakkındaki kararlarına; bir ihtiyacın arzedilmesine lüzum ve gerekirlik görünür ise, o zaman boş bir vakitte arzolunması ve mümkün mertebe huzurlarında az söylenmesi ve asla hişbir memur ve kimsenin giybetine teşebbüs edilmemesi gerekli şart ve adaptandır. Bu zeminde Arap şairi pek güzel edep beyanında bulunmuştur ki: "Padişaha hizmet edersen hâya libasıyla ve kendini koruyarak giyin, meclislerine girdiğinde kendini kör ve çıktığında da dilsiz ol. Hülasa gördüğün şeyi görmemiş ve işittiğin sözü işitmemiş gibi olmalısın."

İmam Abas hazretleri oğlu Abdullah hazretlerine buyurmuş ki bu zat yani Ömer bin Hattap (r.a.) hazretleri her bir işte sizinle istişare ediyorlar ve sizi küçüklüğünüzle birlikte diğer ashabı kirama takdim buyuruyorlar. Ben dahi size şunları tavsiye ederim. Birincisi, adıgeçen hakkında sadakat göstermek; ikincisi, hiçbir kimseyi nezdlerinde giybet etmemek; üçüncüsü, dilinden asla bir şey çıkarıp yaymamak; dördüncüsü, her emrine doğruluk ve istikametle itaat etmek kurallarıdır ve bu vasiyetim ile daima amel eylemenizi ihtar ve tekid eylerim vesselam.

Miellif ve mütercim; Müdde-i Umumi Vilayeti Hüdevendigar

Abdurahman

1. 12. "Britanya konsolosuna cevap"[114]

-Edebiyat stunu-

Muharrir efendi,

Kürdistan ahalisinin ilim ve menkıbelerine dair ve gerçekten İslam edebiyatına ait olarak tanzim ve takdim etmesine cesaret bulunduğum "*hülasa*", acizanemin menfaat ve faydaları din ve vatan sevgisi olan bütün Osmanlılara ait olduğundan, ince medeniyet ve hallerin keşfine vakıf, her kavim ve millete aynı mesafede olan *Tercüman-ı Hakikat*, bu dilekçemin hayırlı satırlarına almasıyla beraber takdim edilmesine cesaret olundu.

-Özel bir bend ve ilaveler-

-Ulema ve Kürd ahalisi-

Büyük İngiltere devletinin Diyarbekir vilayeti Konsolosu Mr. Trotter tarafından Kürdler hakkında yazılmış ve gazeteler ile neşir ve ilan olunmuş olan makale; bütün hakikatı hal ve emellere uygun bulunmadığından ve adı geçen Konsolos bu konudaki tahkikatı gayet yüzeysel ve temelsiz olduğundan, reddiyle tashihine lüzum görülmüştür. Şöyle ki Konsolos bilcümle Kürdlere cehalet ve vahşet isnad ediyor. İlim ve irfandan yoksun olduklarını beyan eyliyor. Hallbuki necip Kürd kavminin güzel eserler ve doğru faziletleri, ilmi eser ve kalemleriyle kesin delillerle sabittir.

Kürdler diğer kavimlere nispetle ilim, fazilet, hattatlık ve şairliğiyle pek ziyade şöhret kazanmıştır. Kürdlerin her fenne dair telif ve tasnifleri, kütüphanelerin itibar edilmiş eserleridir.

Kürdlerin güzel ahlak, temiz bir ırka sahip olmaları, övü-

---

[114] Vilayet Müdde-i Umumu Abdurahman Nacim, *Tercûman-î Hakikat*, no: 982, s. 2-3. 5 Zilkade 1298-H/28 Eylül 1881

len güzel eserleriyle ve şecaat ile cömertlikleriyle yankılanmaktadır.

Kürdlerin ibadetler, muamelat, nikâh akti ve ceza hukuku ile ilgili fıkhi meseleleri kapsayan, şer'i adil kanunlarla kesin ilahi yasalar ve yürütmeyi kapsayan fıkıh ilminden sayısız tasnifleri bulunmuş. Kürdler; İmam Şafii, Nevevi, Rafı'i ve Gazali hazretlerinin metin ve te'lifleri üzerine sayısız şerh ve haşiyeleri neşir ve tedvin etmişlerdir. Kürd ulemasından olan Mevlana Ebu Bekir hazretlerinin "Vûduh" isimli te'lifi ile "Envar" ve "Siracû'l Külub"; Yusuf Esmam'ın "Menku'lû Tefasir", İbnû'l Ceziri'nin "Zatûş Şîfa"; Allame Beytuşi'nin "Kifaye" ve şerhi "Hifa'ye", Şeyh Maruf Berzenci'nin "Ahmediye" telif ve menzumeleri ve bunların şerh ve haşiyeleri meydandadır. Süleymaniye ahalisinden Sadatı Berzenciye ile Hayderizâdelerden değişik ilim ve fen sahiplerinden Sigbehtullah, Ahmet, Haydar ve Abdullah efendiler ile sair büyük Kürd alimlerinin fıkıh, tefsir, usul, nahiv, sarf, mantık, kelam, hendese, hesap, aruz, ahlak ve siyasi fenler, edebiyat, tarih ve değişik fen ilimlerine dair te'lif ve tasnif etmiş oldukları kitap ve te'lifleri kapsar.

Bırakmış oldukları işbu eserler ve değerleriyle dünya kütüphanesini süslemiş ve aydınlatmıştır. Süleymaniyeli Mevlana Şeyh Halit hazretlerinin "*Şerh-î Makamat*"ı ile "*Divan*" ve te'lifleri ulema arasında mütedavil bulunmuş. İlmin ve irfanın yüce eserleri, Şark ve Garba ışıklar saçmıştır. İkinci allame olarak bilinen Taftazani ve Celal Devvani ile Muhammed Feyzi Efendi ki Süleymaniyeli'dir bugün Bağdat müftüsüdür, Kürd ulemasının yücelerinden değil midir?

Asrın seyidi, zamanın güvenileni olan ve bugün Süleymaniye'de kürsü sahibi olup ders veren Şeyh Abdulkadir Efendi ile her bir ilimde kendini yetiştirip dolu olan, zûhd ve takva da dahi İmam Gazali hazretlerinin izinde bulunan Seyid Kake Ahmed Efendi Berzencî ve Mevlana Ahmed Efendi Tûtşî,

Muhammed bin Resul Efendi Revanduzî, ile Abdurrahman Efendi Ruzbeyanî ki bugün eser ve te'lifleri uzak ve yakında bulunanlarca bilinir. Bunların tümü meşhur Kürd âlimlerinden değil midir?

Büyük Kürd âlimlerinden İmam Ceziri'nin, Yahya Efendi Amadî'nin, Seyyid Abdullatif Efendi Şehrezorî'nin, Mevlana Ali Efendi Kızılçi'nin, İbni Adem ile İbnû'l Hacc'ın ve Allame Erbili'nin kalem ve ilmi eserleriyle gün ortasındaki güneş gibi şahit, bunların te'lif ve eserleri bugün Dersaadet'te [İstanbul'da] bulunan bilcümle kütüphanelerde dahi korunmuş ve mevcuttur.

Velhasıl Kürd uleması'nın gerek Arapça, gerek Farsça ve gerek Türkçe ile lisanı maderzâdeleri [ana dilleri] olan Kürd lûgatlarınca her bir fenne dair eserleri apaçıktır.

Kürd dili, pek zengin ve şive edası gayet rengin olduğundan, Kürdçe olarak mensur [nesir-düzyazı] ve manzum pek çok edebiyat kitapları yazılmıştır.

Kürd şairleri tarafından beliğ, manidar, şairane ve hakimane [hikmetli] kasidelere, mesneviler, rubailer ve değişik şiir çeşitleri ile nazım dizisi çekilmiş beyitlerdir.

Kürd şair ve ulemasa; Arapçada bedevi Arapların, Farsçada Fars ehlinin ve Türkçede dili düzgün kullanan Türklerin şiir ve eserleri gibi şiirler söyleyip eserler bırakmışlar. Bunlardan yüce isimleri yukarıda geçen Mevlana Şeyh Halit hazretleriyle Allame Beytûş, Şeyh Marûf Berzencî ve Bağdat Müftüsü Muhammed Feyzi Efendilerin matbu ve muteber eserleriyle tahakkuk eylemiş.

Ahmed-î Cezîrî [Melayê Cezîrî], Mevlevî, Goranî, Nalî ve Hayalî Süleymaniyeli, "Fikri ve Sabri, "Keyfî ve Keşfî", "Samî ve Kamî", Selim ve Fehim Efendilerin, Mustefa Begî Kurdî ile Abdurahman Beylerin Kürdçe olan şiir ve gazelleri, adeta bir sihri helaldır, bu da maarif ve kemalin eseridir.

Kürdlerin avamı bile Arapça ve Farsça dillerine aşinadırlar. Ve bir kısmı Fransız ve İngiliz dillerini dahi tahsil etmişler. Baban Hanedanı'ndan ve vezirlerden merhum Ahmed Paşa'nın alim ve bilgin, her bir lisana aşina olduğu gibi biraderleri Mamuret'ûl Aziz [Elazığ] valisi, devletlu Abdullah Paşa hazretleriyle hala Cezayir Bahr-ı Sefîd [Akdeniz] valisi saadetlu Said Paşa hazretlerinin dahi lisan meşguliyetiyle beraber, siyasi ve diplomatik bilgileri inkar edilemez. Ahmed Paşazadeler ile Ahmed Kamillerin dahi bilgi dereceleri ve sayısız dilleri bilmeleri malumdur.

Acaba adı geçen Konsolos, küçük Süleymaniye kasabasında bulunan ve cümlesi ilim talebeleriyle dolu olan 30-40 medreseyi dolaşmış mı? Yahut Sine Şehrinde bulunan bunca medrese ve mektepler ile Mısır'daki Cemiû'l Ezher'e benzer olan, ilim ve fenni tahsil için uzak şehirlerden gelip sayısız odalarında pek çok ilim talebesi barınan Darû'l Îhsan isimli kutsal medreseyi görmüş mü? Yahut Savcbulağ, Sakız, Bana, Şıno, Tercan, Serdeşt, Nistan, Enderkaş, Bokan, Beytûş, Çimyan ve bunlara bağlı sair yerlerde bulunan ve tümü ilim talebeleriyle mamur ve abat olan medreseleri müşahade etmiş mi? Yahut Süleymaniye'ye bağlı Karadağ, Halepçe, Kelanber, Beyare, Bazyan, Kızılca, Asker, Akçalar, Merge, Maun, Peşder gibi küçük kasabalar ile Rewandûz, Koyê, Erbil, İmadiye, Hoşnav, Şemdinan ve sair Kürd köy ve kasabalarında bulunan ve her birisine birer Darû'l-Maarif denilmeye şayan olan medrese ve mektebi alileri görüp gerekli malumatı edinmiş mi?

Şirvan'dan, Taliş'den, Geylan'dan, Dağıstan'dan sair cihet ve şehirlerden devamlı tahsil için Kurdistan medreselerine gelip birkaç sene ikametten, ilim ve fenleri, geçerli temel eserleri okuyup ikmalden sonra icazetnameler [diplomalar] alarak, nurlu ilimleri neşretmek için vatanlarına geri dönmekte olan ulemayı şerefli ile görüşmüş mü?

Yahut bunca ilim talebelerinin iaşe ve idare işini Kürd cömert ve necip ahalisi tarafından üstlendiğini ve Kürd müderrisi ve hocaların ekserisi maaş ve vazife sahibi olmayıp Kürd medeni ve diyanet sahiplerinin yardımlarıyla iaşelerinin temin olunduğunu tahkik eylemiş mi?

Haşa! Konsolos (adı geçen) ne bunları görmüş, ne işitmiş ve ne de tahkik edebilmiştir. Acaba adı geçen Konsolos bugün Mekke-i Muazzama, Medine-i Münevvere, Mısır, Şam, Bağdat, Halep, Musul, Mardin, Diyarbekir, Harput, Sivas ve Erzurum vilayetlerinde bulunan medreselerin ekserisinin Kürd ulemasından olduğunu biliyor mu? Hayır bilemez.

Yahut bugün İstanbul'da Humul ve Hafa zaviyesinde [tekkesinde] bir takım Kürd âlim ve faziletlilerinin her zaman gazeteler ile neşretmekte oldukları ilmi ve faydalı eserlerini tanıyor mu? Hayır tanıyamaz.

Hakkı da var. Çünkü itaat eden ve faziletli Kürd taifesi, amir ve veliyi nimetleri olan Halifelik makamına sahip Padişah hazretlerine itaat ettiklerinden ve nefislerini millet ve vatanın birlik ciheti ile camia noktası olan Osmanlı sayarak, Osmanlı bildiklerinden neşir ve telif etmekte oldukları eserlerine Halidî Kurdî, Feyzî Kurdî, Abdurrahman Lamî Kurdî, Samî Kurdî ve Resul Mestî Kurdî imzalarını bırakmazlar.

Dolaysıyla adı geçen Konsolos dahi ne onları tanıyabilir ve ne de eserlerinin fark ve temyizine muktedir olur. Kürdlerden mülkiye işleri ve diplomaside bulunmuş, isimleri cihanın tarih sayfalarında yazılmış olan Eyübiye Melikleri ile bunca vali, emir, yazar ve geçmiş tarihçileri ile ekser Kürd aşiretlerinin reis, beyleri ve ağalarını dahi tarih kitaplarında görmemiş. Konsolos; Kürdlerden biri İran tarafına gidip ilim tahsili sayesinde az bir vakitte şöhret, makam ve itibar kazanarak aziz ve şerif "Serdar-ı Kûl" bu zatı ali, Süleymaniye civarında Serdeşt sancağına bağlı Nistan kasabası ahalisinden bulunmuş birkaç yıl önce vefat etmiş olan "Serdar-ı Kül" Kürd Aziz

Halit'tir ve bugün İran yüce devletinin vekillerinden "Haşmetû'd devle Paşa Han hazretleri dahi adı geçen Serdar'ın biraderzadesi olduğunu dahi tahkik etmemiş.

Konsolos; Kürdlerden bugün pek çok yüce zevatın dirayet ve istikamet cihetiyle devleti ebed-Müddet Osmanlı'da valilik, mutasarrıflık, kaymakamlık ve müdürlük memuriyetleriyle, ilmiye, askeriye, mülkiye ve hariciye işlerinde yüce hizmetlerde bulunduklarını dahi idrak eylememiş.

Konsolos; Kürdlerden ticaret için Rusya, Avrupa ve sair uzak ülkelere giderek, çoğunluğun medeni olup ticaret, ziraat ve sanayi ile meşgul olduklarını ve yabancı dilleri rahatlıkla kullanabildiklerini dahi duymamıştır.

Konsolos; Kürd medeni taifesiyle çadırlarda yaşayan sayısız Kürd aşiretlerinin nüfus miktarını dahi bilmeyip yanlış haber vermiştir. Zira Arapça atasözünde denildiği gibi, "Ev sahibi, evin içindekini daha iyi bilir." Fakat yazık, yüzlerce yazık ki bu misal konsolosların Ali Osman devleti ve İslam'ın necip milletleri karşısında daima devletlerine vermekte oldukları eksik ve doğru olmayan malumat, gazetelerle neşretmekte oldukları makalelere doğru nazarla bakılıyor. Ve Avrupa ahalisi dahi bunlara aldanarak taraflarından sürekli aleyhimize itirazlar ediliyor. Bilmezler ki bunların yazdıkları makaleler asilsizdir. Bilmezler ki bunların verdikleri malumat güvenilir kaynaklardan elde edilmemiştir. Bilmezler ki bunlar şöhret kazanmak için devletlerine olan şuurları hep noksandır.

Bilmezler ki;

"We kem min aihin, kewmen asilen

We afetuhu mine'l-fehmı'l qasîri"

Arapça olan bu beytin meali:

"Asil bir kavmi ayıplayan niceleri vardır ki onların

felaketi kıt ve kısır anlayışlarından kaynaklanır."

Artık Konsolosun cevaben yukarıda açıklanan tefsilatlı ve doğru arzedilişle, hatasını tashih etmesini ve yüksek bir ses ve vaazla acizanemizden dahi asla darılmamasını ihtar ederiz. Çünkü Nali'yi Kürdî buyurmuş:

"Bo çi negirim sed kertim dil dişikînî

Bo çi mey nerijî şîşe le sed cîke şikawe."

Yani: "Niçin ve nasıl ağlamayayım ben, ki sen her gün yüz kere viran kalbimi kırarsın.

Nasıl ve niçin şarap dökülmesin, ki şişesi yüz yerden kırılmıştır."

Ve bu da pek sahih ve doğru bir sözdür, zira "Her kî zexmî xored, elbette fîxanî dared." Bu Farsça atasözün anlamı: "Her kim ki bir yara ve darbe alırsa, elbette feryat eder."

Bununla birlikte meşhur Kürd şairlerinden Mesture'nin:

"Suxen kotahê Mestûre fîxan aheste tir bihtir;

Zî nale dem mezen sozê suxen serbeste tir bîhtir."

Edebî ve merdane beytiyle sözü bitirmiş oluyoruz. Veselam.

Vilayet Müdde-i Umumu

Abdurahman Nacim

1. 13. Funun-Kürdler[115]

İngiltere büyük devletinin Diyarbekir yüce vilayetinin Konsolosu Mr. Trotter cenaplarının Kurdistan hakkındaki tahkikatını toplayan gazeteler vasıtasıyla neşrettiği hülasada, Kürd kavminin maarifette [ilim-kültürden] mahrum olduklarını ilaveten hükümetmiş ise de, bu konudaki tetkikleri ceha-

[115] Hasan Zûhdi, *Funun-Kürdler,* Tercûman-î Hakikat, no: 1014, s. 3. 15 Zilhicce 1298-H/ 8 Teşrin-i Sani 1881

let üzerine olduğu ve kendisi maarifin hakikat ve inceliğine vakıf olmadığını ispat ve ilan yolunda Abdurrahman Nacim imzasıyla neşrolunan gerçeğe uygun makale; *Tercüman-ı Hakikat*'ın 982 nolu nüshasında gözleri parlatmış ve iftiharla müşâhede olunmuştur.

Seçkin haslete ve hamiyet şiarına sahip bu zat, sade ve fesih makalesinde geçen ikna edici delil ve burhanlarla; vakia hükmün iptaline kâfi görülmüş ise de, mezkur makaleye ilave olmak üzere bu konuda biz de birkaç söz söylemeyi vatan sevgisinin gereği olarak addediyoruz.

Şöyle ki Kürd kavminin çıkış başlangıcından şimdiye kadar bunca âlemdeki hadiseler ve inkılaplar içinde, sabit adımlarla kavmiyetini muhafazada bulunmaları, adet ve ahlakına halel, namus ve hamiyetlerine kusur, diyanet ve mezhebine gevşeklik getirmemeleri esas, maarife [ilim-kültüre] sahip olmalarından ileri geldiği teslim olunmazsa bu aziz ve iffetli kavim "Dahhak-ı Mari"nin zulüm ve adavetinden şahsi hürriyetlerini bir terakki mevkii ve selamete erişmek için bir küçük kavim oldukları halde yüksek dağlara çekilip bir müddet izole bir halde geçindikten sonra, gitgide geniş daireye ve kavmi çoğalmaya cehd ve ilerleme ile köy ve değişik şehirlerde teşkil ve medeniyet levazımını çoğaltarak kavmiyetin esasını tahkim etmeleriyle beraber kavmiyetlerine mahsus bir lisan dahi tertip ve terkip ederek değişik kavimler arasında nam kazanmaları ve şöhret bulmaları, apaçık delillerle adı geçen konsolosa sunarız.

Hal böyle iken bu kavmin maarif ve edebiyattan mahrum olduklarına dair verilen hüküm, hakikat nazarında batıldır. Bâtıl tümüyle batıl, hak tümüyle hakk; bu da mûddeanın ispatına kâfi görülmezse, bu kavimden nice ulema, faziletliler, şairler, hizmet edenler, hatipler çıkmış, eser ve kalemleriyle kanunları malum olan bu zatlara acaba Konsolos efendi insafa gelip söylediği gibi yanlış olmayarak tahkik etmeye rağbet buyurdukları halde eserleri görebileceğini ve kendisine kanaat geleceğini ve bu konuda hatasını tashih için geri döneceğini ümit ederiz.

Bir de ilim ve fenlere bağlı olan bu kavimden kalemleriyle eserler bırakan kişilerin yüce isimlerinin sayılmasında adı geçen Konsolosa arzolunacağında şöphe yok ise de, arkadaşlarımız olan faziletli zatların o makaleyi reddetmesinde isim ve resmiyle gösterdikleri zatları, biz de yetiniriz.

Vakaların tasviri hususunda kalemiyle şöhret kazanan Aleksander Duma'yı geri bırakacak surette Kürdlerin faziletli ismi Ahmed-î Hanî hazretlerinin sırf Kürd lisanıyla manzum olarak "Roman" şeklinde 300 sene önce tertip eyledikleri "*Mem û Zîn*" namındaki kitabın nefisliği cihetiyle bir nüshasını Avusturya diline tercüme ettirmek arzusuyla, Viyana Genel Maarif Nazırı Mösyû Barb cenapları birçok sene evvel fevkalade bir memnuniyetle alarak Viyana'ya kadar götürdüğünü ve şu anda Lisan-ı Şark Kütüphanesi'nde mahfuz bulunduğunu zannediyoruz.

Kitap; geçmiş özlü bir gerçek hikâyenin tafsil ve tasvirinden ibaret ise de, bir suretle tertip olunmuştur ki her okudukça insanda gah şiddetli bir hüzün ve melalet [sıkılma] peyda, gah hiddet ve gazap alametleri çıkar ve gah hayretle korku ve sevinç yarattığını ve bu da adı geçen nazımın kemalatına başkaca bir delil illeti bulunduğunu iddia ederiz.

Birde Hz. Nuh'un tufanından sonra dünyanın mamur olduğu, karşısında "Cudi" dağının bulunduğu ve Cizre namıyla bilinen kasabanın eserleriyle malum bulunan Darûl-Ulum'undan neşet eden Şeyh Ahmed-î Cizîrî namıyla şöhret bulunan zatın, zahir ilim ve fen de dolu olduğu gibi hakikat ilminde dahi vukuf ve malumat derecesi, faziletli pek çok kişiden üstün olduğu, aşağıdaki bir beytin rumuzunun tafsilatı ve manalarından istidal [delil ile anlama] olunacağı şüphesizdir.

Mezkûr Cizre kasabası, gerçi şimdiki hali pek bayağı görünüyor ise de:

"Çeşmi ibret ber kûşad ta ki Kisra ra bebin

Perde dareş enkebut û çexder nevbet-i zenbur."

Meali:

İbret gözlerini aç, Kesra'nın sarayını gör!

Örümcek ağ bağlamış ve biten otlarına da arı nöbet tutar.

Kürdçe beyit:

Mîm matle-ê şemsa ehed ayîne sifet kir

Lam'ı ji ereb berqê li fexarê ecem da. (Melayê Cizîrî)

Şiirin meali

"Mim lafzı; güneşin doğuş mahalli bulunmasından dolayı ahadîyet [Allah'ın varlığı ve birliği] ayna gibi ayan etti [açıkladı].

Bu nurun pırıltısı, hakikatin güneşini Arap canibinden Acem meliklerine vuruldu."

Bu beytin hakiki manası; erbab-ı zevk ve irfan canibinden tefsirine girişilecek olunursa, pek çok kırtasiye sahifeleri ve siyah kurşun kalemlerin tüketilmesi gerekeceğinden o zaman adı geçen şairin fazilet ve kemal mertebesi, şafak nuru gibi ayan olur. Hakikat ilminin hülasa manasını böyle bir beyit ile eda etmek her fazıl ve kâmilin kârı olmadığı aşikârdır. Bu beyit; maariften nasipsiz denilen Kürd kavminden bir zatın inşa ettiğidir. Hele Konsolos bu misalle mana ve maarifi idrak edemeyeceğinden, bunu maariften saymazsa onu ayıplamayız.

İstidrad [Yeni bir konuya giriş]

Adıgeçen Konsolosun Kurdistan bölgesindeki seyahati ve malumatı, elde ettiği pek muhtasar [kısa] dır. Yani bir takım köy halkı ile hayvan işiyle meşgul olanların hallerini keşfetmekten ibarettir.

Zira İmadiye, Süleymaniye, Hakkari, Muş ve Bitlis taraflarıyla sair cihetlerde gezmiş olsaydı, böyle bir büyük kavmin umumiyeti aleyhinde iftirayı seçmezlerdi. Kürd kavminin mensup oldukları devletin tabiiyeti olması şerefinden başka bir devletin gizli şekilde himayelerini arzu etmedikleri anlaşılmış olmasından olmalıdır ki bu iftiraya uğradılar.

Kürdleri; sair kavimler gibi yabancıların maksadına alet olmazalar, şimdiki hürriyet ve şereflerini görünenler misali payımal etmezler. Neticesi asıl mahkûmiyet altına girecek istiklâliyet lafzıyla aldanmazlar.

Böyle olunca Kürdlerin elitleri, yani ehli idrak ve maarifi, ekser olduğuna delalet eder. Ekser tabirinden maksat hiçbir kavmin genelinde fazilet ve kemal olamaz demektir.

Hasılı kelam, adı geçen Konsolosun bu konudaki tahkikatının yanlışlığı apaçık olduğu ta Yunan serhaddinde [hududunda] bulunan bir aciz Kürdün kalemiyle ihtar olunur.

1. 14. "Başlıksız şiir"[116]

Abdurrahman Nacim'in başlıksız olarak "sal-ı cedit" için kaleme alınan ve 1299 senesini işaret ettiği şiir, "Edebiyat"-sütununda yayımlanmıştır.

"Merheba ey sali ferrahfal Han Abdulhamid

Ey nevid şevket û iclali Han Abdulhamid

Eylesin Mevla seni isal ta bum meal

Rû bimal Babı Âlî-al Han Abdulhamid

Sal û mah û hefte û eyyamı pûr nur eyledi

İn'ikası şemsi istikbali Han Abdulhamid

Verdi hüsni re'yi ez nev intızamı mülkü din

[116] Abdurrahman Nacim, Tercuman-i Hakikat, no: 1045, s. 3, 22 Muharrem 1299/ 14 Kânunuevvel 1881

Ehseni a'maldır amal-ı Han Abdulhamid

Saye-i Yezdan Şehinşahı cihandır her zaman

Şüphesiz mefkuddur emsalı Han Abdulhamid

Geldi yümnü fahr ile sal-i hümayunfal-i nû

Alemi tenvir eder ikbalı Han Abdulhamid

Cevher efşan oldu Nacim söyledi tarihini

Müjde-i hayr ile geldi sal-i Han Abdulhamid

1299

-Diğer tarih-

Hayatı taze verir geldi sal-i ferrahfal

Cihanı yûmn ile ihya edip bu sal-i cedid

Duayı halis Nacim tamam olur tarih

Hüdayı sal-i nû Padişahım ede said.

1. 15. "Başlıksız Nazire"[117]

Emin Hilmi Efendi'nin gazeline nazire olarak ulemanın ediplerinden Abdurahman Nacim Efendi tarafından tanzim edilen gazeli "edebiyat" stunundа yayımlanmıştır

"Nakşebendi bad der ateşle hak üstüne su

Nüktesidir nakşı Mani, nakşı mai fitne cû

Ateşin olsa olur berbadı bergi gülzarın

Hep sudandır gülşenin toprağı tutmaz rengi bu

İn'ikası ateşi aşkınla tufan oldu ab

Tendibadi kahr ile hakı bastı su be su

---

[117] Tercuman-i Hakikat, no: 1072, s. 3, 23 Safer 1299 /14 Kânunusani1882

Gelse cennetten nasibi narı gamdır adamın

Ağlama badı havadır hak'e dûkse abı rû

Abû tabî kalmadı berbat oldu mülki dıl

Ateşi aşk ile yandi çu geda serfe rû

Bu zeminde macerayı aşkı çok su götürür

Ateşi cansuza karşı bad der hep gûftegû

Badı ber kef Hilmi'yi tenzir eden bu hak ta

Ateşe peyrev olur mu (Nacim) her abı cû.

1. 16. "Gazel" [118]

Cezayir, Bahrı Sefid [Akdeniz] vilayeti kalem kâtibi mümeyyizi Ahmet Naci Efendi Hazretlerinin gazeline nazire olarak A. Nacim Efendi tarafından tanzim olunan ve "edebiyat" stununda yer alan gazel.

"Münevver oldu basar lemhe-i cemaledin

Göründü gerçi mükedder gönül celalinden

Kenarı bahr ile emvacdır müşabihi hal

Çekildi perde-i fırkat dem-i visahından

Kişinin olsa da ef'ali perdede mestur

Olur hakikatı mekşuf hal ve kalinden

Görüp nekayidi oldu şemsten mahcup

Nikabı hale'yi giydi kamer kemalinden

Zavallı Dehri cahil eder eger inkâr

Yok iştibah eden hadisin zevalinden

Olur mu kabili tenzir şi'ri Naci'nin

Ki hep lûaliyi hikmet çıkar mealinden

[118] Tercuman-i Hakikat, no: 1081, s. 3 , 5 Rebiyülevvel 1299/ 25 Kânunusani1882

Eger muvafık-i hikmete şiir olur makbul
Bakın da ibret alın Naci'nin makalinden.

1. 17. "Başlıksız Nazire"[119]

Abdurahman Nacim'in Münif Paşa'nın *Vatan* gazeline yazılan ve "Edebiyat" sütununda yer alan başlıksız naziresi.

"Can verir merde-i sed saleye eş'arı vatan
İsa'yı Meryem olur zade-i efkârı vatan
Hep gubarı vatanın kıhlı cevahir görünür
Didenin sürmesidir haki kehribar vatan
Abı hayvana değişmez eseri katresine
Feyzicûy hıdır zinde-i enhari vatan
Sahibi vahyi dedi hubbi vatandır iman
Var kıyas ile nedir ayet ve ahbarı vatan
Görünür ateşi dûzah gibi gurbette irem
Görünür gülşeni cennet gibi her harı vatan
Etti ihyayı vatan nazmı Mûnif Paşa'nın
Zatına dense seza muhibbi asarı vatan
Eyle tenzir bin Nacim ki hep ehli vatana
Farzdır medhî Şahinşahi cihandır vatan

-Diğer-

Kurbi canan hep vatanda nutku bahşi can olur
Havil iken mehdinde İsa natıkı canan olur
Gülben efkende ve haki çimende anla kim
Haste-i dermandeye haki vatan derman olur

[119] Abdurrahman Nacim, *Tercûman-î Hakikat*, no: 1084, s. 3, 8 Rebiyül Evvel 1299- H/ 28 Kânun-i Sani 1882

Katre-i cûyi vatandır ey İskender abı Hıdır
Zulmeti gurbette sanma çeşme-i hayvan olur
Şahidi hüsnü vatandır kim şehidi aşkının
Zerre zerre haki paki şemsi nur efşan olur
Nacim asa her kim olsa bende şahi vatan
Sıdk ile û saf babı âlîyi sultan olur."

1. 18. "Başlıksız Nazire"[120]

"Asrın ediplerinden" izzetli Nacim Efendi Hazretlerinin hariciye yüce nezaretine tayin buyurulmuş olan Sait Paşa Hazretlerinin devlet memuriyetine dair, "Edebiyat" stununda yayımlanmış tarihi sözleri.

Hamdolsun çun Said Paşa'yı âlî himmeti
Hariciye nazırı ettiğinde Han Abdulhamid
Geldiler tebriğine Nacim çar yarı Mustafa
Dediler tebşir ile tarihidir Nazır Said."

1. 19. "Başlıksız Gazel"[121]

Oldi galiplere desturi amel
Hükmi la yûs'el amma yaf'al
Yûsür'dür çünkü kemali ûsrin
Ye's olmaz sebebi kat'i emel
Yazmadı harfi hıtabı hergiz
Kalemi kudret hak Azze ve cell
Kaderin hükmü tağayyûr etmez
Adeta vasıtadır sa'y ve amel

---

[120] Abdurrahman Nacim, *Tercuman-i Hakikat*, no: 1171, s. 3, 22 Cemaziyelahir 1299/ 11 Mayıs 1882

[121] Abdurrahman Nacim, *Tercuman-i Hakikat*, no: 1211, s.3, 11 Şaban 1299/ 27 Haziran 1882

Hakkı inkâr edenin hak etsin
Reşte-i ömrünü maktu' ecel
    Göremez dide-i hak bin asla
    Eser ve sanat baride halel
Zahidin sebhasına aldanma
Akdı seyd danesidir damı hiyel
    Gösterir batılı hak tarzında
    Ehli ağraz ile ashabı alel
Müteakip gelir leyl û nehar
Mazi'yû hal olur müstakbel
    Lazım işlerde teenni ve sebat
    Olsa her çend dahi musta'cel
Her zaman sahibi im'an eyler
Nazırı dikkat ile müşkülü hall
    Kimdir ol sahibi in'an şimdi
    Hazreti zılli Hüdavendi ezel
Yani sultanı cihan Şah Hamid
Hammiyi şer'i Nebiyyi Mûrsel
    Kalbidir mehbeti vahiy ve ilham
    Nutkudur vüfku kelamı münzel
Nefsidir mefharı Âlî Osman
Zatıdır izzi selatin evvel
    Re'yidir enfes ve makbul enam
    Fikridir akdes ve Memduh düvel
Kaidi asrında gava'il mulğa
Oldu devrinde meşakil münhal
    Öyle bir padişahın ey Nacim
    Farzdır arzı duası ecmel
Babı âlisini mevla etsin

Merci'i cümle-i akvam û milel.

1. 20. "Nuance kelimesi üzerine"[122]

Şu "nuance" -ki nüans okunur- kelimesinin manasının beyanı akabinde, tercümesini sual buyurmuştunuz ki Fransızcayı bilmediğim için ifadenizi "levn-i müteayyin ve levn-i gayri müteayyin" [belli olan renk ve belli olmayan renk] hususuna bağlı olduğunu zannetmiştim.

Fakat asli ve tabii kavaidini [gramerini] bildiğim Kürdçeyi araştırmaya başlayınca "nûwanden" -ki göstermek demektir- kelimesini bulmaklığım üzerine, mezkur nüansın tercümesi "gune" olacağına ümidim güçlendi.

"Gune" renk manasına "gun" lafzının "ha" ile tahsis edilmiş sigasıdır ki hakiki vaz-ı [gerçek kullanımı] hasebiyle rengin türlerine ıtlak olunur ve kuvve-i basire [görme gücü] ile güçlü münasebette bulunur.

"Çeşd" ise, zannımca "çeşit" ve "çeşte" gibi yalnız kuvve-i zika [tatma gücü] ile münasebeti bulunan "çeşiden" mastarından bir tarz ile alınmış bir siğa olduğu için "levn" [renk] gibi ancak basireye [görmeye] ait bir keyfiyetin efradına ıtlak olunur.

---

[122] Keyfî, *Tercüman-ı Hakikat*, Edebiyat Stunu/ Mevadı Fenniye, no: 1375, s. 2, 12 Kanuni Sani 1883

1. 21. Türkçe Mantık Hulasası[123]

Müellifi:

Diyarbekir İstinaf Ceza Reisi Abdurrahman Nacim

Müellifin izniyle basımı ve yayımı Gayret Kütüphanesi sahibi Şeyh Abdullah Şükrü tarafından yapılmıştır.

Maarif Nezareti Celilesinin ruhsatıyla basılmıştır. İstanbul.

Mahmut Bey Matbaası, Bab-ı Âlî civarında Ebus-suud caddesinde, no: 72,

1306

-İlmi Mantıkın Hulasası [özeti]-

Zihnin fikrini hatadan koruyan ve muhafaza eden ve mevzusu tasavvur ve tasdikten ibaret olan ilme "Mantık" derler.

Mantık ilminin tasavvurat kısmının mebadisi [ilkeleri] "Külliyat-ı hamse" [Aristo sisteminde: Nevi, cins, fark, has, araz] makasıdı "kavl-i şarih" tır.

Tasdikat kısmının mebadisi ise "kazaya" [kaziyeler/önermeler] ve makasıdı ise "kıyas" tır.

-Külliyat-ı Hams [Beş tümel]-

Üçü zatiyattan [zata/kişiye ait özelliklerden] ve ikisi araziyattan [ilineklerden] olmak üzere beş şeyden ibarettir.

Birincisi: "Cins"tir ki hakikatleri muhtelif olan şeylere ıtlak olunur [koyu verilir]. İnsan, at ve deve misullu canlılara ıtlak olunan "hayvan" gibi.

İkincisi: "Nevi"dir ki hakikatte ittifak olunan şeylere denilir.

---

123 Abdurrahman Nacîm, *Türkçe Mantık Hulasası*, Mahmut Bey Yayınları, Stenbul, 1306 (1890)

Zeyd, Amr, ve Bekir misali şahıslara ıtlak olunan "insan" gibi.

Üçüncüsü: "Fasıl" dır ki, haddi zatında bir hakikati diğer hakikatlerden fark ve temyiz eden [ayıran] şeylerdir. İnsanı sair hayvanlardan fark ve temyiz eyleyen "natık" [konuşma] gibi. Şu üç şey zatiyattandır.

Dördüncüsü: "Hassa" dır ki, zat haricinde olarak bir hakikate mahsus olan şeylerdir bil-kuvve [düşünsel] ve fiil ile. İnsana mahsus olan "dahk" [gülme] ve "kitabet" [yazı yazma] gibi.

Beşincisi: "Araz-ı amm" [genel ilinek] dir ki, zattan hariç pek çok hakikatlere bil-kuvve ve fiil ile arız olan şeylerdir. İnsan ve sair hayvanlara arız olan "teneffüs" [nefes alma] gibi. Bu iki şey dahi araziyattandır. Zattan ayrılmaları mümkün değilse "arazı lazım", mümkün ise "arazı müfarık" derler.

-Kavl-ı Şarih [Tarif]-

Mantıkçılar ıstilahatında [terminolojisinde] istenilen tasarının bilineni olan tasavvurat mertebesine "kavl-ı şarih" derler.

"Faslı karib" [yakın fasıl] ile olan tarife "hadd" , hassa ile olan tarife "resm" derler.

Bu hadd ve resm, eğer cinsi yakın ile olursa "tam" yoksa "nakıs" tır.

Haddi tam: Hayvanı natık [konuşan hayvan] gibi. Bu cinsi yakın ile ki hayvandır ve faslı karib ile ki natıktır ve insan için haddi tam olmuştur.

Haddi nakıs: "Cismi natık" gibi. Bu da cinsi baid [uzak cins] ile ki cisimdir ve faslı karib [yakın fasıl] ile ki natık [konuşan] tır, insan için haddi nakıstır.

Resmi tam: "Hayvanı dahik" [gülen hayvan] gibi. Bu da cinsi karib [yakın cins] ile ki hayvandır ve hassa ile ki dahik tir, insan için resmi tam olmuştur.

Resmi nakıs: "ayakları üzerinde yürür, tırnakları geniş, derisi safi, boyu doğru, doğal olarak güçlü" gibi. Bu da cinsi baid [uzak cins], hassa ve arazı amm ile insan için resmi nakıs olmuştur.

-Kazaya [Kaziyeler/Önermeler]-

Kaziyyenin çoğuludur. Kaziyye; kailine [söyleyene] sadık [doğru] veya kazib [yalan] denilmesi sahih olan sözdür. "Hamliye" ve "şartiye" olmak üzere iki kısımdır.

Birinci kısım:

"Kaziyye-i hamliye [yüklemli önerme]; Her iki tarafı birer müfred [tekil] ile açık olan kaziyyedir. Eğer bir şeyin diğer bir şey için sübutuna hükmolunursa o kaziyyeye "mucibe" [olumlu önerme] derler. "Zeyd katiptir" misali gibi. Ve diğer bir şeyin başka bir şeyden selbine hüküm olunursa o kaziyeye [önermeye] "salibe [olumsuz önerme] derler. "Zeyd katip değildir" gibi.

Şu hamliye kaziyesinin mahkumu aleyhine [aleyhine hükmolunan] mevzu ve mahkumu bih'ine [hüküm ve kararı verilmiş] "mahmul" [yüklem] ve aralarındaki nisbete "dall ve rabıta" tesmiye etmişlerdir [isimlendirmişlerdir].

Zikrolunan kaziyye-i hamliyenin mevzuu şahıs ise, "Zeyd alimdir" misali gibi. Ona "şahsiye" ve mevzuu nefsi hakikat ise "insan hayvanı natıkadır" misali gibi "tabiiye" ve eğer külliyat [tümel] ve baziyet [tikel] ile fertlerin kemiyeti [niceliği] açık olmaz ise "insan zalim ve cahildir" misali gibi, "mühmele" ve eğer açık olursa "mahsura" derler.

"Mahsurat "ise dört kaziyedir ki en üstünü "Nucibe-i külliye" [olumlu tümel] dir. "Her bir insan natıktır" misali gibi. Ve ondan sonra "salibe-i külliye" [olumsuz tümel] dir. "Hiçbir insan hacer [taş] değildir" misali gibi. Ve ondan sonra "Mucibe-i cüziye" [olumlu tikel] dir. "Bazı hayvan insandır" misali gibi. Ve ondan sonra "Salibe-i cüz'iye" [olumsuz tikel] dir. "Bazı hayvan insan değildir" misali gibi.

İkinci Kısım:

"Kaziyye-i şartiye" [şartlı önerme]: Her iki tarafı birer müfret ile açık olmayan kaziyyedir. "Güneş çıkar ise gündüz mevcut olur" misali gibi.

Kaziyye-i şartiyenin birinci kısmına "mukaddem" ve ikincisine de "tali" derler.

Bu kaziyye-i şartiyenin "muttasile [bitişik] ve "münfasile"[ayrık] olmak üzere iki kısımdır.

"Muttasile": Ondan bir nispetin sübutuna veyahut nefyine hükmolunan kaziyyedir. Bu da eğer bir alaka için olursa "lüzumiye" derler. "Şems tulu' eder ise nehar mevcut olur [Güneş doğarsa, gündüz mevcut olur] misali gibi. Ve eğer bir alaka için olmazsa "ittifakiye" derler. "İnsan natık ise himar nahıktır [İnsan konuşan ise, eşek anırandır].

"Münfasile": Eğer onda sıdk [doğruluk] ve kizb [yalan] yoluyla nispetinin [birbirine zıt ve muhalif olma] veyahut tenafisizliğine hükmolunursa ona "hakikiye" derler. "Bu aded ya zevcdir veyahut ferttir [Bu sayı ya çifttir veyahut tektir.]" misali gibi.

Ve eğer yalnız sıdk [doğruluk] yoluyla hükmolunursa ona "maniatü'l cemi" [bir arada bulunmaları mümkün olmayanlara" derler. "Bu şey ya taştır veyahut şecer [ağaç] tır." misali gibi.

Ve eğer yalnız kizb yoluyla hükmolunursa ona "maniatü'l huluvv" [dışarıda bırakılmasına mani olmak] derler. "Bu şey ne taştır ve ne de ağaçtır." misali gibi.

Münfasila kaziyyeleri; bazen üç kısımdan ve bazen daha ziyade kısımlardan terkip olunur. "Bu sayı ya zait veyahut nakıs veya eşittir." misali gibi.

Kaziyye-i şartiye; eğer mukaddem olan tarafın bütün ihtimallerine hükmolunursa "külliye" ve bazısına hükmolunursa "cüz'iye" ve bir muayyene hükmolunursa "şahsiye" yoksa "mühmele" derler.

-Kıyas-

Kaziyelerden mürekkep [bileşik] ve son bir hüküm gerektiren bir sözdür. Veyahut kendiliğinden neticeyi gerektiren bir delildir, diye kıyası tarif etmişlerdir.

Eğer kıyasta neticenin aynı veyahut nakizenin [zıddının] sureti zikrolunmazsa ona "iktirâni" [yakınlaşma] derler.

Âlem mütağayyir [değişken] dir ve her mütağayyir hadistir [sonradan oluşmuştur]. "Binaen aleyh âlem hadistir." misali gibi.

Ve eğer kıyasta netice veyahut zıttı zikrolunursa ona "istisnai" derler. Bu insan ise hayvandır, lakin insandır, binaen aleyh [bundan dolayı] hayvandır". Veyahut "lakin hayvan değildir, binaen aleyh insan değildir" misali gibi.

"Kıyası iktirani": Ya hamliyedir ki daha önce açıklandı veyahut şartiyedir ki zikrolunacaktır. Kıyası hamliyeden istenilenin mevzuna "haddi asgar" [küçük önerme] ve mahmukuna "haddi ekber" [büyük önerme] ve iki mukaddimesi arasında mükerrer olan şeye de "haddi evsat" [orta terim] ve asgari içeren mukaddimeye de "sugrâ" [küçük önerme] ve büyük önermeyi kapsayan mukaddime de "kübrâ" diye isimlendirilmiştir.

Eğer "haddi suğra"da mahmul [yüklem] ve kübrâda mevzu bulunursa "şekli evvel" ve eğer ikisinde yüklem bulunursa "şekkli sani"[ikinci şekil] ve eğer ikisinde de mevzu bulunursa "şekli salis" [üçüncü şekil] ve eğer evvelin aksi yani "haddi evsat" suğrada mevzu ve kübrâda mahmul bulunursa "şekli rabi" [dördüncü şekil] demişlerdir.

"Kıyası şarti": Ya iki muttasıl [bitişik] mukaddimeden mürekkep [bileşik] olur. "Her ne zaman güneş doğarsa gündüz mevcut ve yeryüzü de aydınlanmış olur." misali gibi. Her ne zaman güneş doğarsa yeryüzü aydınlanır, matlubu intaç eder [istenileni doğurur].

Veyahut iki münfasıl [ayrık] mukaddimeden terkip eder. "Her bir sayı ya çift veyahut tektir. Ve her bir çift ya çiftin çiftidir veyahut tekin çiftidir." misali gibi ki, her bir sayı ya tektir veyahut çiftin çifti veya tekin çiftidir." matlubu intaç eder.

Veyahut bir kaziyye-i hamliye ve bir kaziyye-i muttasileden [bitişen önermeden] mürekkep olur. Mademki bu şey insandır o hayvan değildir ve her bir hayvan cisimdir." Misali gibi ki mademki bu şey insandır o cisimdir, matlubu intaç eder.

Veyahut bir kaziyye-i hamliye ve bir kaziyye-i münfasileden oluşur. "Her bir sayı ya çifttir veyahut tektir ve her bir çift iki eşit sayıya taksim olur" misali gibi ki her bir sayı ya tektir veya iki eşit sayıya taksim olunur, matlubu intaç eder.

Veyahut bir kaziyye-i muttasile ve bir kaziyye-i münfasileden mürekkeb olur. "Madem ki bu şey insandır, o hayvandır ve her bir hayvan ya beyazdır veyahut siyahtır." misali gibi ki bu şey insandır ve o ya beyazdır veyahut siyahtır matlubu intaç eder.

Ve kıyas mutlaka iki mukaddimeden telif ve terkip olunur ise ona "kıyası basit" ve iki mukaddimeden ziyade mukaddimelerden terkip olunur ise ona "kıyası mürekkep" derler.

-Kıyas beş kısma ayrılır-

Birinci kısım: "Kıyası burhani" dir. Bu da yakiniyattan [kat'i olarak bilinen şeylerden] telif ve terkip [sentez] olunur. Bunun usulü altıdır.

• Birincisi, Evveliyat [bir hadisenin başlangıçtaki hali]: "Bütün olan şey, parça olan şeyden büyüktür" misali gibi.

• İkincisi, Müşahedet [gözlemler]: "Güneş aydınlatıcıdır" misali gibi.

• Üçüncüsü, Tecribat [denemeler]: "Sakmonya deresi suyunun içilmesi müshildir, safrayı izale eder" misali gibi.

• Dördüncüsü, Hadsiyat [sezgiler/tahminler]: "Ayın nuru, güneşin nurundan istifade eder" misali gibi.

• Beşincisi, Mütevatirat [tevatür yoluyla]: "Muhammed (a.s.) peygamberliği iddia ve mucizeleri izhar eylemiştir" misali gibi.

• Altıncı, Fıtriyat [doğuştanlık]: Ve buna kıyasları beraber bulunan kaziye demişlerdir. "Dört sayısı çifttir çünkü iki eşit sayıya taksim olunur" misali gibi.

İkinci kısım: Kıyası cedeliyedir [münakaşa/tartışma]: Bu da meşhur ve bilinen mukaddimelerin sentezinden oluşur. "Bu fiil güzeldir, zira adalettir ve her adalette güzeldir" misali gibi ki, bu fiil güzeldir matlubu intaç eder ve bundan maksat hasmı ilzam [susturma] ve aciz olanı ikna etmektir. Onun için buna delili iknai derler.

Üçüncü kısım: Kıyası hitabiyedir: Bu da makbul ve manzum [zannedilen] mukaddimelerden terkip olunur. "Bu adam geceleri geziniyor, ondan korunmak lazımdır çünkü hırsızdır ve her hırsızdan korunmak lazımdır" misali gibi. Ve bundan maksat teşvik ve korkutmadır.

Dördüncü kısım: Kıyası şi'riyedir [şiirle ilgili]: Bu da hayallerden oluşur.

"Kitabı hüsnü dilber hal û hat ile muhaşşadır,

Gören der Barekallah bir acep tertibi zibadır." Misali gibi.

(Dilberin güzelliğinin kitabı; ben ve hatlar ile haşiyelendirilmiştir. Gören şöyle der; Allah mübarek kılsın bir acep ne süslü tertiptir.)

Beşinci kısım: Kıyası safsatiyedir [bilgicilik]: Bu da vehimler ve şüphelerden oluşur. Fasit olan delile safsata derler ve eğer safsata ile delil getiren kimse, onu fasit olduğu halde ilimle savunursa o vakit ona muğalata derler.

Kıyasların dayanağı burhandır.

Hulasa tamamlandı.

Günahkâr yazarın hattıyla:

Abdurrahman Nacim

(Diyarbekir İstinaf Ceza Mahkemesi reisi)

Allah o şehri afet, hile ve beladan korusun.

Tarih: 11 Muharrem 1304

Jêder

1. Weşanên peryodîk

Jîn, no.: 2, Werger û transkripsiyona M. Emin Bozarslan, Sweden, 1985

İçtihad, no: 130, 14 Teşrini Sani 1918

Rojî Kurd, no: 3, Weşanên War, Îstenbul, 2002

Tercüman-i Hakikat, no: 393, 22 Şevval 1296-H/8 Teşrini Evvel 1879

Tercüman-i Hakikat, no: 594, 26 Cemaziyelahir 1297-H/ 5 Haziran 1880

Tercuman-i Hakikat, no: 596, 29 Cemaziyelahır 1297/ 8 Haziran 1880

Tercüman-ı Hakikat, no: 631, 11 Şubat 1297-H/19 Temmuz 1880

Tercüman-i Hakikat, no: 755, 20 Muharrem 1297-H/ 1 Kanuni Sani 1880

Tercüman-ı Hakikat, no: 757, 4 Kanuni Sani 1881

Tercüman-ı Hakikat, no: 967, 16 Şevval 1298-H/10 Eylül 1881

Tercüman-ı Hakikat, no: 968, 18 Şevval 1298-H/12 Eylül 1881

Tercüman-ı Hakikat, no: 969, 18 Şevval 1298-H/13 Eylül 1881

Tercuman-i Hakikat, no: 974, 25 Şevval 1298-H/19 Eylül 1881

Tercûman-î Hakikat, no: 982, 5 Zilkade 1298-H/ 28 Eylül 1881

Tercûman-î Hakikat, no: 1014,15 Zilhicce 1298-H/ 8 Teşrin-i Sani 1881

Tercuman-i Hakikat, no: 1045, 22 Muharrem 1299/ 14 Kânunuevvel 1881

Tercuman-i Hakikat, no: 1072, 23 Safer 1299 /14 Kânunusani1882

Tercuman-i Hakikat, no: 1081, 5 Rebiyülevvel 1299/ 25 Kânunusani1882

Tercûman-î Hakikat, no: 1084, 8 Rebiyül Evvel 1299- H/ 28 Kânun-i Sani 1882

Tercuman-i Hakikat, no: 1171, 22 Cemaziyelahir 1299/ 11 Mayıs 1882

Tercuman-i Hakikat, no: 1211, 11 Şaban 1299/ 27 Haziran 1882

Tercüman-ı Hakikat, no: 1375, 12 Kanuni Sani 1883

Tercüman-i Hakikat, no: 1383, 13 Rebiyülevvel 1300-H/ 22 Ocak 1885

2. Pirtûk

Abdurrahman Nacim, *Mantık Metinleri-1: Türkçe Mantık Hulâsası*, İşaret yayınları: 78, İstanbul Prof. Qanatê Kurdo, *Tarîxa Edebîyata Kurdî (Kürd Edebiyatı Tarihi)*, Weşanên Öz-ge, Ankara, 1992

Abdurrahman Nacîm, *Safvetûl-Kelam*, Stenbol, 1869

Abdurrahman Nacîm, *Türkçe Mantık Hulasası*, Mahmut Bey Matbaası, Stenbol, 1306

Abdurrahman Nacîm, *Hûviyet-î Sûbhanî ve Mahiyyet-î İnsaniye*, Stenbol, 1396

Abdurrahman Nacîm, *Defter-î Kütübhane-yî Damad Îbrahîm Paşa*, Stenbol, 1312

Ali Birinci, *Tarih Gölgesinde Meşahir-i Meçhûleden Birkaç Zat*, Dergah Yayınları, İstanbul, 2001

Alî Emîrî, *Tezkîre-î Şuaara-yî Amed*, Matbaayî Amedî, İstanbul

Amir Hassanpour, *Kurdistan'da Milliyetçilik ve Dil (1918-1985)*, Avesta Yayınları, İsatanbul, 1997

Celîlê Celîl, *1880 Kürt Ayaklanması; Şeyh Ubeydullah Nehri*, Avesta Yayınları, İstanbul, 2014

Hacî Qadirê Koyî, *Dîwan*, www.nefel.com

Joost Jongerden-Jelle Verheij, *Osmanlı Döneminde Diyarbekir'de Toplumsal İlişkiler (1870-1915)*, İstanbul Bilgi Üniversitesi Yayınları, 2015

Kerîm Şareza, Nazim Hewêzî, Osman Mistefa Xoşnav û Mecîd Asinger, *Koyê le Rewtî Şaristanîyet da (Nûsîn û lêkolînewew bidiwadaçûnî),* Birwane- Govarî "*Defterî Kurdewarî*", jimare: 2

Mehemet Fatih Uslu-Fatih Altuğ, *Tanzimat ve Edebiyat: Osmanlı İstanbulu'nda Modern Edebi Kültür;* Türkiye İşbankası Yayınları, İstanbul, Haziran 2014

Muhammed Emin Zeki Beg, *Kürtler ve Kürdistan Tarihi*, Nûbihar Yayınları, 4. Baskı, İstanbul, 2012

Neşe Demirci, *Tercüman-ı Hakikat gazetesi (1- 1500. sayılar),* İnceleme ve seçilmiş metinler, Yüksek Lisans Tezi, Sivas Ocak 2012

Prof. Qanatê Kurdo, *Tarîxa Edebîyata Kurdî (Kürd Edebiyatı Tarihi)*, Weşanên Öz-ge, 1992, Ankara

Seîd Veroj, *Mehmed Mîhrî Hîlav û Kovara Kurdistan*, Weşanên Weqfa Beşîkçî,Stenbol, 2015

Süleymaniyeli Emin Feyzi, *İlâve-i Şuâât*, Necmi İstikbal Matbaası, İstanbul, 1341

Terry Eagelton, *Edebiyat Kuramı*, Sanat ve Kuram Yayınları, 3. Baskı, İstanbul, 2011

Wadie Jwaideh, *Kürt Milliyetçiliğinin Tarihi Kökenleri ve Gelişimi,* İletişim Yayınları, 8. Baskı, İstanbul, 2014

3. Malperên înternetê

http://www.nefel.com/epirtuk/pdf

http://aso-zagrosi.over-blog.com/article-30477328.html, 01.04.2016

http://www.yek.gov.tr/

http://web.firat.edu.tr/

Kopîyên Rahnameya Nacîm (Destnivîs)

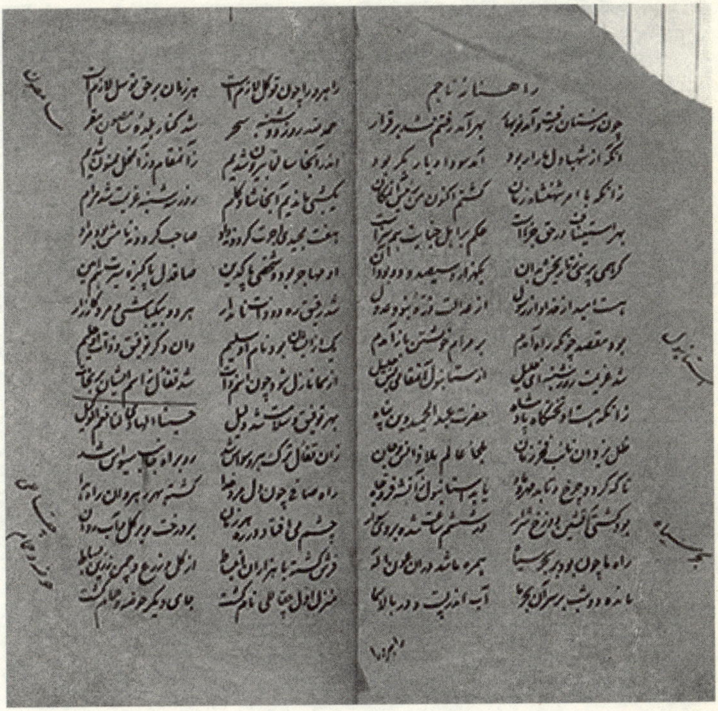

Destnivîsa Rahnameya Nacim (r. 1-2)

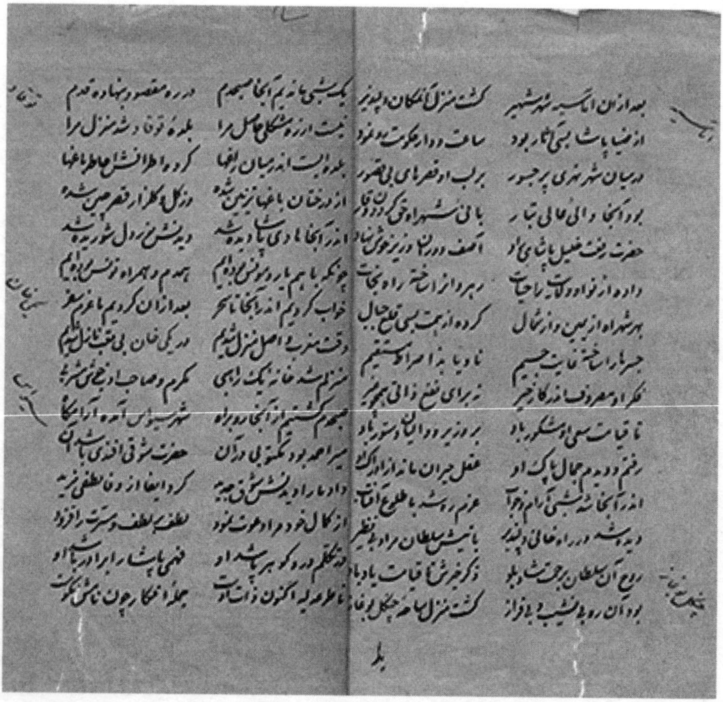

Destnivîsa Rahnameya Nacîm (r. 3-4)

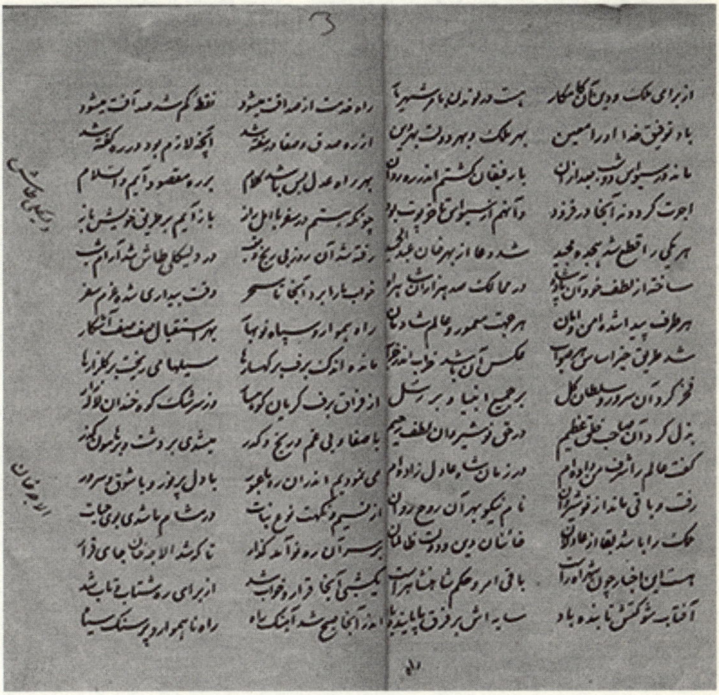

Destnivîsa Rahnameya Nacîm (r. 5-6)

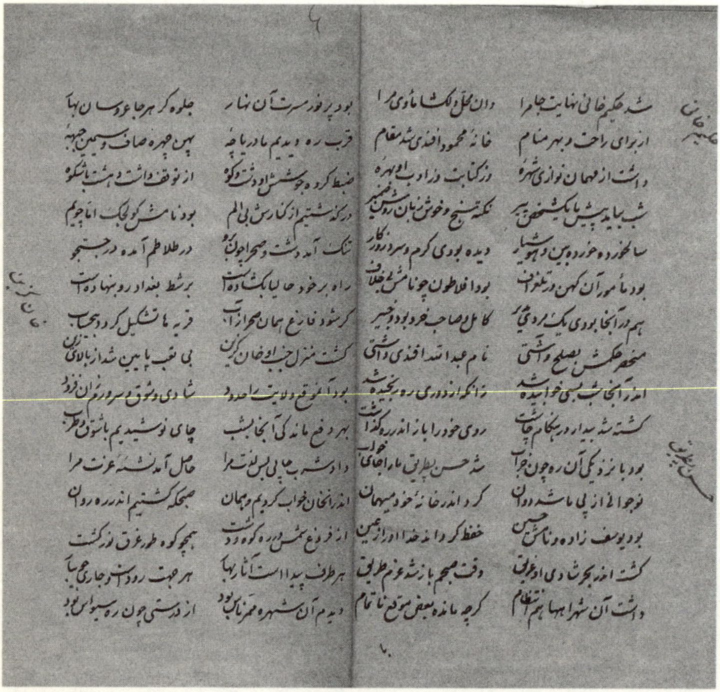

Destnivîsa Rahnameya Nacîm (r. 7-8)

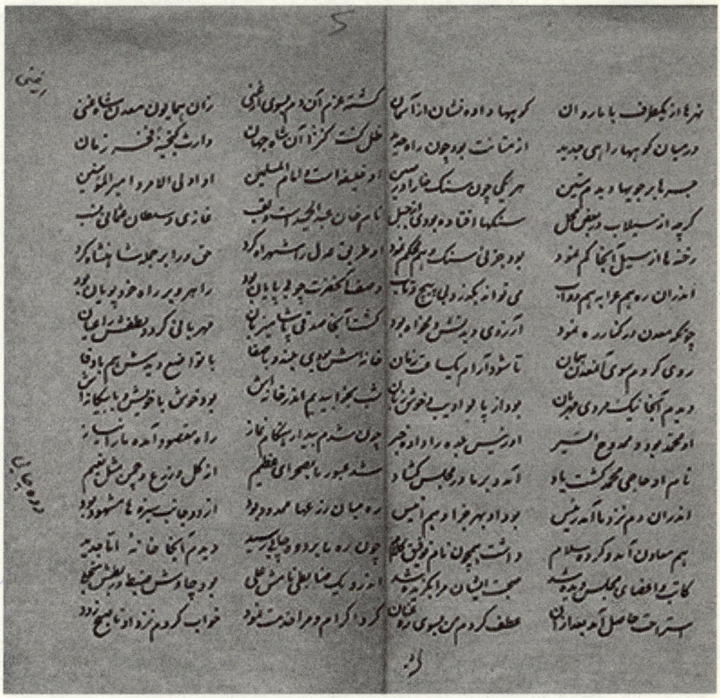

Destnivîsa Rahnameya Nacîm (r. 9 10)

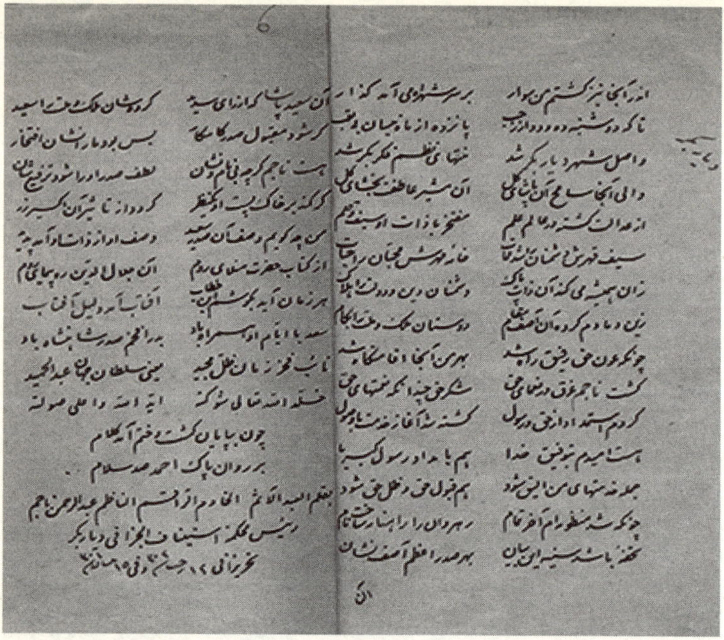

Destnivîsa Rahnameya Nacîm (r. 11-12)

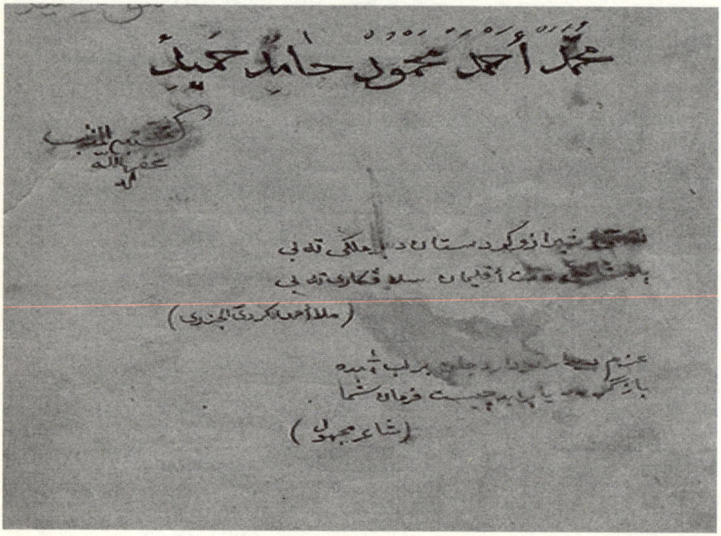

Destnivîsa Rahnameya Nacîm (r. 13)